陳大齊著

平凡的道德觀

中華書局印行

序

二十年來，對於道德問題、時時有所論述，以發抒個人的一得之見，雖甚淺薄，而敝帚自珍，以爲尚能無悖於理。不過那些意見散見於闡釋孔子思想與研討文化問題的諸文之中，東鱗西爪，彼此之間、未有聯貫，更說不上體系。年來記憶日就萎縮，讀過的書、有如已經埋入煙霧之中。思慮日漸枯澀，遇有問題，摸不到探究的線索。形神俱衰，已不可能再作研究之計，縱使不自量力而猶欲奮發研究，亦必無復成果可言。研究與寫作的行程已到達終點，及早結束，尚不失爲自知之明。惟念有關道德問題的意見散在各篇，未經結合，未設有條理爲之貫通、爲之範圍，不免留下一大缺憾。爲了彌補此一缺憾，乃振作已衰的精力，彙集曾經發表過的意見，以爲主要資料的一部分，並附加未曾形諸文字的意見，以爲主要資料的另一部分與補助資料，寫成本書，以期稍具完整的形態。其曾經發表過的意見、在本書中、或採其意而易其詞，或照錄其一小段，各依行文的方便而定，非有一定的標準。其未曾形諸文字的意見、或爲平素所執持而借此機會以發抒，或爲了助成敍述形態的完整而加入，都出於新撰。至於書中那一部分屬於發表過的、那一部分屬於未曾發表過的、無關要義，故不予敍明。

本書雖求敍述之稍具完整形態，但並未將倫理學上全部問題、一一納入研討之列。如道德的起源、如良心的意義、如諸家學說的得失、均爲倫理學所應研討的問題，本書概未涉及。本書所述、限於著者個人興趣所及而又有所見的事理，亦卽只是著者個人對於道德的看法。故有所見，始有所論，無所見，則默爾置之。本書之所以稱爲道德觀，而未敢稱爲倫理學，其故卽在於此。

著者幼年所受、是儒家精神的教育，晚年所喜歡研究的、是孔子的思想。所以對於孔子所說、尤其對於孔子在道德方面所垂示的、最爲服膺，而思所以宗奉與弘揚。所欲弘揚的、置重於孔子思想的根本大義，不定兼及其細微的末節。其根本大義、眞可謂萬古長新，其細微末節、則時移勢易，不一定爲現代所可適用。著者所見的孔子思想、與昔賢及時賢所見、容或不盡相同。孔子思想、非常平實，不說恍惚迷離而不可究詰的話，不講幽隱玄妙而不可捉摸的理，只就尋常日用的事情、提示做人的道理。所提示的、不過高，亦不過卑，只要立志去做，爲人人所能做到，但若怠忽而不努力，則又終於不能到達。例如講到仁，孔子只說：「仁遠乎哉！我欲仁，斯仁至矣」，謂仁在近不在遠，欲其來，不會拒而不來，不欲其來，亦不會不請自至，從未說過後儒所稱道的那些話，如與天地合德，與萬物同體。本書的基本觀點、採自孔子的思想。孔子思想本屬平實，著者又是一個平凡的人，所能發抒的、只是平凡的意見。本書稱爲平凡的道德觀，用平凡二字限制觀字，以見所說之平凡，並以自別於高深的學理。

中華民國六十年四月陳大齊識於臺北寓所，時年八十有五。

目錄

平凡的道德觀

第一章　道德的意義與任務

道德這個名稱、是道與德兩個名稱所合構而成的。現在先說道字與德字的意義，然後再說道德的意義。

道字的原義、是行走的道路。道路的基本用處，在於供給人們由以行走。故若擷取此一基本用處以為道字的抽象意義，則道字可釋為所由。引而伸之，不但人所由以行走的、可稱為道，一切現象所由以存在、所由以生滅、所由以運行的、無一不可以稱為道。自然現象所由的、古來稱為天道，用現代語來說，即是自然法則或自然律。如地球運轉的自西徂東、是天道，如氫氧二原素之合而成水、亦是天道。人事現象所由的、古來稱為人道，用現代語來說，可稱為言行的法則或言行律。如慷慨而好施與、是人道，刻薄以積財富、亦是人道。

就人道而言，道字可用作兩種不同的意義：一種用作事實的意義，一種用作價值的意義。道字用作事實意義，則成事實名稱，只要是人事現象實際上所由的，不論其為善為惡，都可稱為道。如慷慨而好施與，誠然是道，刻薄以積財富，亦不失為道。用作事實名稱的道、有善有惡，故有正道與邪道之分。道字用作價值意義，則成價值名稱，只有值得由的、纔稱爲道，値不得由的、不得稱爲道。故就上例而言，只有慷慨而好施與，纔配稱爲道，至於刻薄以積財富，便不配稱爲道了。用作價值名稱的道、專指正道而言，故不復有正邪之分。古人用道字，已有此兩種用法。如論語衞靈公篇所載「子曰：『道不同，不相爲謀』」、其中的道字、是事實名稱，不帶有正邪的評價。如論語公冶長篇所載「子曰：『道不行，乘桴浮于海』」、其中的道字、是價值名稱，專指正道而言，不兼攝邪道。

德字的原義、與得字相通，在古書中、德字可與得字通用。例如論語季氏篇的「民無德而稱焉」的德字、皇疏本作得字。所以從前的註釋家都用得字來解釋德字，「德者、得也」、是一種通行的解釋。現在依據此義，把德字解作所得。德的來源、大別可有二種：其一爲自然界，其另一爲人事界。得於自然界的、如體積之有輕重、如動作之有快慢、用現代語來說，可稱之爲性能。此種所得、是人與物所通有的，物有得於自然界的性能，人亦有得於自然界的性能。人事界、指一般的社會影響及父母師長等的指示而言。得於人事界的、如相見時之互相招呼、如他人財物之不敢妄取、用現代語來說，可以稱之爲品格。至如物品的製作與物種的改良、雖亦得力於人爲，因其出自物質作用的利用，非出自精神作用的薰陶，故製作與改良所得、依然歸諸性能，不歸諸品格。品格方面的所得、高等動物界容或有之，但其跡不顯，故不妨謂爲人所獨有。

用作品格意義的德、亦有兩種用法：一爲用作事實名稱，另一爲用作價値名稱。用作事實名稱時、只要是出於社會的薰染或父母師長的陶冶，不論其爲善爲惡，都可稱之爲德。故所學得的好言撫慰與遇事幫忙、固應稱之爲德，所學得的惡言相向與落井下石、亦得稱之爲德。古來有美德惡德之稱，其德字上用有表示價値的形容詞，正表示其德字本身之爲事實名稱。用作價値名稱，則專指美德，必如好言撫慰與遇事幫忙那樣的言行、始稱爲德，至如惡言相向與落井下石、便不得稱之爲德了。古人所用德字、亦可分別解作這兩種不同的意義。如論語學而篇「民德歸厚矣」的德字、可以解作事實名稱，論語子罕篇「吾未見好德如好色者也」的德字、可以解作價値名稱。

道字與德字、在論語孟子中、只見其分用，未見其連用。雖有並擧的，如論語述而篇的「志於道，據於德」，孟子公孫丑下篇的「尊德樂道」，但依然是兩名分用，未嘗合爲一名。不過道與德雖屬二名，其所攝內容、實無不同。孔子所說的道、以仁義爲主幹，兼攝仁義所交織而成的諸德，其所說的德、亦攝有同樣的內容。故道與德、若置其原義於不論，專着眼於其所攝內容，儘可謂爲異名同義。到了荀子書中，道德二字已開始連用，合成一名。試擧數例，如修身篇云：「夫是之謂道德之極」，如儒效篇云：「言道德之求，不下於安存」，如正論篇云：「道德純備」。

道德二字、當其分用時、既可適用於人，亦可適用於物，道字可用以稱呼自然現象所遵行的法則，德字可用以稱呼自然事物所固具的性能。道德二字結合爲一名後，依照通常的用法，只用於人，不用於物。因爲從常識看來，得用道德這個名稱來稱呼的現象、不但爲無機界及低等生物界所沒有，連高等動物界亦未必有之。故道德可說是人所獨有的。道的原義是所由，德的原義是所得。故若依據原義以作最廣泛的解釋，則道德可說是在所由上表現其所得。但道德這一名稱、受有限制，只適用於人爲現象，故不應解釋得過於寬泛，以致其確切的眞義無從顯露。道德的道、專指處世接物的道，亦即專指談說與行為的所由，道德的德、專指處世接物上所有受於社會薰染及父母師長陶冶的所得。故道德可釋為在言行的所由上表現做人的心得，簡括言之，可說道德是做人的態度。說話謙恭，容色和悅，是一種做人的態度，說話粗暴，容色傲慢，亦是一種做人的態度。故謂道德爲做人的態度、是就道德的事實意義所作的解釋。用作此一意義的道德、與通常所說的品行二字、約略相當，可以適用於善言善行，亦可適用於惡言惡行。倘欲表明其價值，則須另加形容詞以資分別。如言君子是道德高尚的人，小人是道德低劣的人，其表示價值的、是高尚與低劣兩個形容詞，不是道德那個名詞。

道德一名，除了可以用作事實名稱外，亦可用作價值名稱，專指有價值的做人態度而言。且此一用法，比諸用作事實名稱的，更屬常見，尤其用作形容詞時、通常只解作價值名稱，不解作事實名稱。說話謙恭，容色和悅，纔可稱爲道德的言行，說話粗暴，容色傲慢，只能稱爲不道德的言行。故用作價值名稱的道德、其範圍較狹，不若用作事實名稱時那樣寬廣。事實名稱的道德、其義爲做人的態度。做人的態度中、有的是有價值的，有的是無價值的，有價值的是應當採取的，無價值的是不應當採取的。價值名稱的道德、只包括事實名稱的道德中應當採取的那一部分，故價值名稱的道德應當解釋爲做人應取的態度，以劃定其範圍，俾與事實名稱的道德不相混淆。做人的態度，莫不表現於談說與行爲之上，故價值名稱的道德亦可釋爲言行應守的準則。

在上來的敍述中、均言行並擧，不單擧行爲一項。關於此點、似有略加說明的必要。西方學者大抵以道德學爲研究行爲的學問，一若行爲是可施道德評價的唯一對象。依此說法，則道德僅須釋爲行爲應守的準則，已够充足，無須在行字上加一言字。西方學者之所以單擧行爲、殆以談說納諸行爲之中。但在中國用語中、言與行分屬兩途，不相統率。論語爲政篇所載孔子對於子張的訓誨中、有「愼言其餘則寡尤……愼行其餘則寡悔」，里仁篇又載有孔子所說的「君子欲訥於言而敏於行」，均屬言行分說。卽在現代，說話謙恭、亦只稱之爲善言，不稱之爲善行。故在道德一名的解釋中、若只擧及行爲而不兼及談說，或且引起誤會，以爲談說的善惡不是道德所當顧及。故必言行並擧，方足以顯示言與行之應受同樣的重視與應守同樣的準則。

道德觀、是對於道德的看法。道德有事實的與價值的二種不同的意義，因而道德觀亦可有事實的與價值的二種不同的看法。事實觀把道德看成一種既有的或現存的社會現象，而觀察其有着如何的情況，可以作縱觀，亦可以作横觀。縱觀是歷史的看法，如就夫婦一倫而言，追溯初民時代的男女關係，尋求其變遷，以迄於現代文明社會的婚姻制度。横觀是民俗學的看法，搜集現代各民族實行的婚姻制度，探求其夫婦間權利義務的實況，依其同異以設定若干類型。價值觀把道德看成一種規範，就事實意義的道德、批判其孰得孰失，指點其應取應捨。故事實觀所欲解答的、是如何的問題，價值觀所欲解答的、是應當如何的問題，兩者的任務不完全一致。本書主旨、在於研討價值意義的道德，故所採取的、是價值觀。不過價值意義的道德與事實意義的道德、道德的事實觀與價值觀、各有關聯，不易完全割斷，故雖以價值觀爲主，時或難免涉及事實觀。

道德是言行應守的準則。故凡應當如此說而如此說，應當如此行而如此行，符合應守的準則，則謂爲道德的，而用善字來表示其正的價值。凡不應當如此說而竟如此說，不應當如此行而竟如此行，違背了應守的準則，則謂爲不道德的，而用惡字來表示其負的價值。但應當與不應當、善與惡、不是憑空可以評斷的，一定要有所依據。若無依據，如何能斷言某種言行是應當的，某種言行是不應當的！無所依據而侈言應當與不應當，其所云應當與不應當、直等於空無意義的聲音，不足用爲言行的評語。依以判別善惡的、可稱為善惡的判別標準或衡量標準。同一言行、所持以判別善惡的標準不相一致，則判定的善惡亦難一致，甚或相反。試引淮南子說山訓中的一段話，以資說明。「善射者發不失的，善於射矣，而不善所射。善釣者無所失，善於釣矣，而不善所釣」。射者所期望的、亦卽射者所持以判別射擊善惡的、是矢無虛發，「發不失的」、正符合其期望，故判定其爲善。被射者所期望的、亦卽被射者所持以判別射擊善惡的、是倖免於中，「發不失的」、正違背其期望，故判定其爲惡。就此例而論，善惡判斷之所以相反、可謂出於判斷主體的不同與所持標準的不同。試作進一步的分析，當可發見：判斷主體的不同、所關甚微，所持標準的不同、實為其主因。縱使是同一判斷主體，只要其所持的標準先後不一，則其所作判斷、亦會先後不一。試爲設例，醫師對於垂死的病人，詭稱其病況已有轉機，我們初以誠實無欺爲衡量的標準，勢且斥醫師所言爲不誠而予以惡評。繼而思之，虛言安慰，未嘗不足以緩和病人的緊張情緒，則又覺得醫德固當如是而予以好評了。縱使判斷主體不一其人，只要大家所持的衡量標準互相一致，則其所作判斷亦必互相一致。例如某醫師對於貧苦的病人、施診施藥，不取分文，則社會大衆必同聲稱讚其爲義舉而無異辭。其所以異口同聲、只因爲大家當時所持以爲衡量標準的、同爲濟困扶危。由這些淺顯的實例看來，可見善惡評判之所以有異同、完全出於衡量標準之有異同，而衡量主體的異同、則與之無關。故欲評判善惡，必先設定衡量的標準。標準不立，道德亦且無從談起。故研討標準、實為研討道德所當採取的第一步。

足爲衡量標準的、依其所須具備的性質，一定是一種要求。要求的特色、在於把依以實行及予以滿足的責任加諸被衡量者的身上。被衡量者能順其要求而予以滿足，則賦以正的價值，被衡量者若逆其要求而不予以滿足，則賦以負的價值。善惡的判別標準亦是一種要求，試觀上文假設的諸例，卽可見之。對於醫師的詭稱病有轉機、初以說話必須誠實無欺爲要求，因其與要求違逆，遂評定其爲惡，繼以說話必須緩和對方的緊張情緒爲要求，因其與要求相符順，遂評定其爲善。關於說話、必須誠實無欺、是一種要求，必須緩和對方的緊張情緒、又是一種要求，其他可以設想的要求、尙有許多。且可就以作善惡判別的、不止說話一端，各種行事、無一不可就以作善惡的判別，因而又須另設要求，如幫忙，如救危，以充判別的標準。要求的種類甚多，性質不一。然則應當選取何等樣的要求以爲標準?要求可以有根本的與枝葉的之分。枝葉的要求出於根本的要求，爲數甚多，只可隨事選擇，不能作概括的研討。根本的要求、爲各種枝葉的要求所從出，其數應當只有一個，可作概括的研討。現在試就根本的要求，述其應備的條件。

第一個條件：根本要求必須是出自人生自己的要求，不是出自人生以外其他事物的要求。古人說過：天道遠，人道邇。近的、目所親見，耳所親聞，容易令人發生休戚相共的情緒。遠的、目所不能見，耳所不能聞，容易令人發生痛癢無關的情緒。故要求而出自人生自己，與切身的利害息息相關，纔會體認得格外眞切，實行得格外起勁。若出自人生以外的其他事物，縱尊之爲天志，奉之爲神意，知識豐富的人未必深信而不疑，知識貧乏的人雖信而缺乏親切之感，體認既不眞切，實行起來，便亦容易趣於鬆懈。故要求必出自人生自己，纔會爲人人所堅信而無所懷疑，爲人人所堅持而不肯放鬆，纔足爲衍生諸種枝葉要求的根本。

第二個條件：根本要求必須是可能實現的，亦卽必須是人力所能做到的。既是所要求的，當然不是現實的。因爲若是現實的，就用不到再要求。不過所要求的雖屬未實現的，却必須有實現的可能。未實現的事情之中、有可能實現的，有不可能實現的。如人人健康無病、是可能實現的，人人長生不死、是不可能實現的，至少依據目前的知識來講，是不可能實現的。理想與空想的分別、完全繫於所嚮往的目標之有否實現的可能。所嚮往的而是可能實現的，方可稱爲理想，若是不可能實現的，則只配稱爲空想，不配稱爲理想。根本要求不可懸格太高，有如某些宗教家所提倡的身餵餓虎。懸格太高，令人望而却步，勇氣全消，必須不高不卑，雖不是人人所能安而行之的，至少是人人所能勉強而行之的，方能激發勇氣，努力實行。

第三個條件：根本要求必須是普徧的要求。所謂普徧的要求、意卽不是一部分人所要求，而是大衆所共同要求的。倘然不是普徧的，一定只有一部分人認爲值得要求，另一部分人不認爲值得要求。於是認爲值得要求的人、主張予以滿足，不認爲值得要求的人、不主張予以滿足，意見參差，所持以衡量言行善惡的標準便不一致了。衡量標準不一致，衡量結果必隨以不同，世間遂亦不能有公認的善惡了。沒有了公認的善惡，言行無所適從，道德亦且成爲空談。所以根本要求必須是普徧的要求，方足以建立公認的善惡，而使一切言行得有遵循。根本要求是枝葉要求所從出，又必須是普徧的要求，方足於枝葉要求相互間有所牴觸時、裁定其孰是孰非。

第四個條件：根本要求必須是究竟的要求。所謂究竟的、意卽最終的，亦卽居於最底層的，其下更沒有底層。如就因果關係而言，果出於因，因又出於別一因，一直追究下去，可以追到最終的一因，其自身卽是因，不復是他因的果。如此最終的因，通常稱之爲究竟因。究竟要求這個名稱中的究竟二字、亦同此義。究竟要求是其他要求所自出，其自身不出自其他要求，支持其他要求，不需要其他要求爲之支持。故究竟要求亦可說是最高的要求，最具權威的要求，其他要求而與之牴觸，必且喪失其得爲要求的資格。根本要求之必須爲究竟要求，其理甚顯，因爲不是究竟的，便不足以當根本的這一稱號。

綜上所述，根本要求是人生可能實現且爲普徧而究竟的要求。道德所負的任務、卽在於滿足此一要求。言行而有助於此一要求的實現，則謂之爲道德的，謂之爲善，言行而有礙於此一要求的實現，則謂之爲不道德的，謂之爲惡。

第二章　根本要求——人生的安寧

道德任務之在於滿足根本要求、根本要求之足爲善惡判別的基本標準、當爲人人所能同意。根本要求之必須爲普徧而究竟的要求、殆亦爲人人所能首肯。至若根本要求之必須有實現的可能、時或爲人所忽視，好高騖遠的人、方以不可能實現的事情爲嚮往的目標，以炫燿其所持主義的高超，却不計及實效的能否收穫。根本要求之必須出自人生自己、亦非盡人所主張，玄學家方以爲出自天志，宗教家則以爲出自神意，且謂正因其出自天神，纔足以顯示其至高無上而爲人人所不可不遵。再進一步談到根本要求之究爲何事，則更異說紛紜，其所舉示的、或大同而小異，或大異而小同，甚且有兩正相反的。仁者見之以爲仁，智者見之以爲智，仁智不同，所見自異，雖互相詰難，亦難期其終歸一致。本書對於諸種說法、一概不擬加以評論，只想對於根本要求之爲何事、提供著者一己的淺見。

依著者的淺見，根本要求的內容、可用一個安字來表示。安字是一個單音的字，用以說話行文，時或感到不若複音詞的方便。故有時於安字下加一寧字，稱之爲安寧，有時於安字上加一平字，稱之爲平安。寧與安、是同義字，平字是沒有危險的意思。故用安寧或平安以代替單一的安字，當不致引起異解。安寧是狀況的一態。狀況必附着於某一事物，故安寧必是某種事物的安寧，若泛言安寧而不舉其所附着的事物，則究屬何事何物的安寧、沒有一個着落，其意義便不够具體而明顯。行走不傾不跌，則謂之安步，其安字表示行走的狀況。海水不起浪濤，則謂之安瀾，其安字表示海水的狀況。道德所欲實現的安寧、不應當是一種無所着落的安寧，故又須更進一步說出其所附着的事物。道德所欲實現的、當然不是海水的安寧，亦不僅僅是行走的安寧，應當是整個生活的安寧。但若把根本要求定爲生活的安寧，猶嫌說得過於寬泛，不切實際。生活不是人所獨有，是生物界所通有的。故把所要求的定爲生活的安寧，勢且於人類的生活安寧以外、兼攝一切生物的生活安寧。但道德只就人世而言，不廣就生物界而言。我們只說人類的道德，從不說草木的道德，亦不說鷄鴨的道德，亦即我們只求人人有道德，未嘗求草木鷄鴨之亦有道德。所以爲了具體而明顯起見，應當於生字上加一人字，稱之爲人生的安寧。人生包括人的生存與人的生活二事，故人生安寧卽是人的生存安寧與人的生活安寧。根本要求所求的、只是人生的安寧，道德所要實現的、亦只是人生的安寧。

著者之所以認定人生安寧爲根本要求、得之於儒家創始者孔子及其繼承者孟荀二子的啓示，徵以日常所見所聞的明顯事實，益信先聖先賢所啓示者之確屬至理。玆先引述孔孟荀三家有關人生安寧的言論，而後簡述一般人們要求安寧的明顯事實。

孔子固未嘗明說人生安寧之爲根本要求，但細察其言論，不難發見其確實懷有如是的意見。其表示得最顯露的、莫如對於子路的答語。論語憲問篇載：「子路問君子。子曰：

『脩己以敬。』曰：『如斯而已乎？』曰：『脩己以安人。』曰：『如斯而已乎？』曰：『脩己以安百姓。脩己以安百姓，堯舜其猶病諸』。孔子在這一番答語中、兩次說到安字，其第一次爲「安人」，其第二次爲「安百姓」。「安人」是使與我接觸的人莫不獲得安寧，所安的範圍較小，「安百姓」則使人民全體統統獲得安寧，所安的範圍更大。孔子且於「脩己以安百姓」下、加以評語云：「堯舜其猶病諸」。論語所載孔子言論中、其以「堯舜其猶病諸」爲評語的、僅有二處，其另一見於雍也篇所載孔子對子貢的答語中。「子貢曰：『如有博施於民而能濟衆，何如？可謂仁乎？』子曰：『何事於仁，必也聖乎！堯舜其猶病諸」。博施濟衆、就事業言，「安百姓」、就成果言，兩者意義相通。「堯舜其猶病諸」、謂此等事雖聖如堯舜，猶恐不能完全做到，以表示人人安寧之爲最高的理想。在論語中、孔子說到安寧的、尚有數處。如公冶長篇所載、孔子表示志願時說道：「老者安之」，要使老年人都獲得安寧，這正與「安人」的主張相合。又如季氏篇所載、孔子教誨冉有道：「不患貧而患不安……安無傾」，謂使全國人民都獲得安寧，便不會有傾覆之患，這正與「安百姓」的主張相合。孔子之所以如此注重安寧、必已見到了安寧之爲人人所要求，亦即已認定了人生安寧之爲根本要求，乃賦道德以滿足此一要求的責任。

孟子繼承孔子的思想，在其言論中、亦嘗透露人生安寧之爲根本要求而必須謀所以滿足。孟子公孫丑下篇載：孟子語高子云：「王如用予，則豈徒齊民安，天下之民舉安」。

這是孟子自述其抱負，要安齊民，更進而要安天下之民。梁惠王下篇又載：孟子對齊宣王說道：「文王一怒而安天下之民……而武王亦一怒而安天下之民，今王亦一怒而安天下之民」。這是孟子讚美文王武王的話，同時亦是勉勵齊宣王的話。文王武王是孟子所尊爲仁君的，是孟子理想君主中的二人，而其畢生勳績、孟子概括之爲「安天下之民」。孟子歷訪齊梁諸國，對於當時的國君、莫不說以施行仁政。依上引孟子的言論觀之，其所以主張施行仁政、無非爲了安天下之民。此與孔子所提倡的「安百姓」、可謂一脈相承。孟子既以「安天下之民」爲最高理想，可以推見其實已認定人生安寧爲人們最急切的要求。

荀子亦是孔子思想的繼承者，其對於孔子思想體認的眞切、不亞於孟子。荀子書中說及安寧的言論、數不在少，現在僅引錄其二則，以見荀子的重視人生安寧。彊國篇云：「故人莫貴乎生，莫樂乎安。所以養生安樂者、莫大乎禮義」。其言「故人莫貴乎生，莫樂乎安」，明白表示了人生安寧之爲人們的根本要求。其言「所以養生安樂者、莫大乎禮義」，又明白表示了人生安寧的實現、有待於禮義的施行。荀子最重視禮義，以之爲修身治國的最高準則，而禮義的功用、在於實現人生的安寧，則荀子之以人生安寧爲最高理想、可不言而喻了。儒效篇云：「言道德之求，不下於安存……故諸侯問政，不及安存，則不告也」，意謂道德所求的、不外安存，諸侯而不問及安存，則不予答覆。王先謙云：「安存以百姓言」，可謂得其眞義。故「安存」卽是孔子所主張的「安百姓」。人生的安寧、彊國篇謂爲禮義之所當務，儒效篇謂爲道德之所當求，其辭雖異，其義則同。因爲勸學篇曾說：「故學至乎禮而止矣，夫是之謂道德之極」，在荀子看來，禮義正是道德的極致。道德所求的不外安存，正表示了道德的任務在於實現人生的安寧。

上來推定孔子孟子荀子各以人生安寧爲根本要求，且以道德的任務爲在於謀求此一要求的滿足，不過孔子孟子各有言論，足以令人致疑於上來推定之是否確當。論語學而篇載有孔子如下的一則話：「君子食無求飽，居無求安，敏於事而愼於言，就有道而正焉，可謂好學也已」。孟子在告子下篇亦說：「然後知生於憂患而死於安樂也」。孔子旣言「居無求安」，則孔子未以安居爲必當求，亦卽未以求安爲絕對的是。孟子旣言「死於安樂」，則更鄙視安樂而認爲不可沾染了。但細繹孔子孟子這兩則言論，實未與上來所推定的有所牴觸，亦卽孔子孟子實未表示對於人生安寧的鄙視。「君子食無求飽」全章、其主旨在於激勵人們好學，而好學之道、首重「敏於事而愼於言」及「就有道而正焉」。孔子深恐人們耽於食求飽與居求安，一唯飽食安居是求，而忽視了敏事愼言及就正有道，故戒人們不要專心壹志於飽食安居而忽略了更重要的事情，並非謂必須空着肚子去席地幕天、纔得稱爲君子。孟子所說「死於安樂」的安字與其所說「安天下之民」的安字、其字雖同，其義並不一致。「安樂」的安字、偏指安逸而言，是滕文公上篇所說「飽食煖衣，逸居而無敎」的意思。故「死於安樂」、卽言貪於安逸，耽於淫樂，不知仁義爲何物，則災害必及其身。離婁上篇所說「天子不仁，不保四海，諸侯不仁，不保社稷，卿大夫不仁，不保宗廟，士庶人不仁，不保四體」、正與此義相輝映。

人生安寧之爲根本要求、在日常所見所聞的事實中、表現得非常明顯。人的一生、自出生以至死亡，可謂無時無刻不在尋求安寧之中。嬰孩呱呱墮地的第一聲、正在訴說環境驟變所帶來的不安。出生後數月、能於熟識與陌生之間有所分別，則啼哭掙扎以拒絕陌生人的抱持安的抗爭。出生後數月、能於熟識與陌生之間有所分別，則啼哭掙扎以拒絕陌生人的抱持，因爲把陌生視作危險的訊號。成年人的求安心理、亦時時處處流露於各種言行之中。早上相見，則各道早安，以互祝整日的安寧，晚間告別，則各道晚安，以互祝整夜的安寧。戚友遠行，則祝其一路平安，書信往來，則祝其闔第吉祥。求神拜佛，小之則爲了一己的福佑，大之則爲了家宅的平安。宗教團體舉行盛大的法會，亦在祈求國家乃至世界的太平。從事某一職業，兢兢業業，不敢怠忽，無非因其有助於一家生活安寧的維持，平時節衣縮食，儘量儲蓄，不敢浪費，亦無非因其足爲老來生活無憂的保障。再向大處看，則政治法律等的措施、又無非以消弭紛擾與維護安寧爲職志。綜而言之，小自個人，大至國家，其所作所爲、只要是正當的，可說無一不指向人生的安寧，無一不反映着人生謀求安寧的切迫。所以人生安寧之爲根本要求、是信而有徵，不是憑空臆斷的。

上章曾說：根本要求必須具備四個條件，人生安寧正與這些條件相符合。

就第一條件而言，人生安寧確是人生自己所要求，不是人生以外其他事物的要求。人生自出生以迄死亡，時時處處在謀求自身的安寧，上文已舉了許多事實，足資證明，用不再到贅說。人生以外的其他事物、凡屬可見可聞的、絕無一事一物關心人生的安寧。各種動物、自謀安寧則有之，爲人生代謀安寧、則爲不可想像的事情。在不可見不可聞的事物中、玄學家宗教家雖以爲天志神意所最關切的、正是人生的安寧，但其說渺茫，難於徵信，縱如其說，亦不能緣以否定人生自謀安寧之爲確切的事實。

就第二條件而言，人生安寧是可能實現的，是人力所能達成的，不是虛無縹緲而無從求，亦不是高深遙遠而不可及。我們今日雖還沒有達到全面安寧的境地，但比諸古代，其安寧程度實已不可同日而語，試觀歷史的演進，當可了然。初民時代，處於原野，居於洞穴，既有風雨欺陵之患，又有猛獸侵襲之虞，其不安狀況、殆非今人所能想像。其後構造屋宇，風雨與猛獸的威脅、雖可避免，而陰暗潮濕，易滋疾病。及建築技術進步，通風設備與衞生設備逐漸改善，居處乃得益增安寧。從前的法律、定有株連之例，一人犯罪，可以株連甚廣，不但罪及妻孥，且亦罪及戚友。所以每一個人、自己雖不爲非作歹，亦有無辜而入囹圄的可能。故有識之士、見到戚友中有了在政治上飛揚跋扈的人物，便惴惴不安，預作舉家遷避之計。今則法律修明，只科犯罪者本人以刑責，不許株連家人與戚友，所以只要自己敦品勵行，不作非份的事情，便可悠然自得，無所憂懼。不但在居住方面與法律方面、人生的安寧程度日在增高之中，在其他方面、亦無一沒有相同的情形。人生安寧程度的日漸增高、正反映着人生安寧這一事實的可能實現。

就第三條件而言，人生安寧確是人們普徧的要求。上文所述人人互祝平安那些事實、已足證明此一要求之具有普徧性。世間固不乏作奸犯科以破壞公共安寧的人，但此種人之所以破壞公共安寧、非以爲人生安寧不足謀求，只因認識不淸，誤以爲犧牲公共安寧方足以充實一己的安寧，又因認識不淸，只圖目前的小安而忽視了他日的大安。故雖有破壞公共安寧的行爲，依然存着要求一己安寧的心理。所以玻壞公共安寧的人、不是無求於安寧，只是求之不得其道而已。喜歡冒險的人、似乎不以安寧爲念，實亦不然。冒險登山，別有其興趣，不到達頂峯，則心有不安。冒險投資，別有其大慾，不嘗試一下，亦心有不安。故其冒險行爲、亦在於謀求心地的安寧。且在登山與投資之前、對於可能的危險與可能的失敗、必顧慮周詳，以期杜絕其發生。其計出萬全、又足證明其未嘗不以安寧爲要求。精神病患者、原不能與常人並論，其投水而死的行爲、不足以反映其無求於安寧，反足以顯示其求安的迫切。精神病患者甚多幻想與幻覺，時或幻想仇人前來圖害，亟求躲避，適在水邊，又幻覺水中正是最安全的避難所，遂毅然前往。其投水、非爲覓死，却爲求安。所以人生安寧是人人所求的，沒有例外。

就第四條件而言，人生安寧確是究竟的要求。人之所以求安寧、只是爲了安寧，非欲借徑於安寧的實現以滿足其他的要求。試觀人間諸般重要的設施與主義，可見其莫不以實現人生安寧爲目標，未見有以實現人生安寧爲手段的。至於次要的設施與主義，原爲實現重要設施與主義而建立，其以人生安寧爲目標、自更無待於論列了。人類社會莫不有政治與法律。政治與法律，無非用以在消極方面遏止紛擾，在積極方面維護安寧，是爲人生安寧服務，非使人生安寧爲之服務。他如道德與宗教、亦復如是。在道德方面、中國所提倡的、是仁義，西方所提倡的、是博愛。不論仁義與博愛之是否相同，其目的同在謀求人與人間的協和以維護人生的安寧，且鼓舞其日益增進。宗教所崇奉的神祇、雖各不同，至其所垂教的、大體不外尙慈悲而戒仇恨。慈悲之心建立，則必互相扶助，仇恨之念消除，則必互不殘害。互相扶助而不相殘害，人生自可日卽於安寧。故道德與宗教、亦在爲人生安寧服務，非使人生安寧爲之服務，故人生安寧之爲究竟的要求、當爲不可爭議的事實。

人生安寧是根本要求，爲了滿足此一要求，乃有道德的興起。故道德的任務，在於維護人生的安寧、鞏固人生的安寧、增進人生的安寧。言行而有助於人生的安寧，則謂之善，言行而有害於人生的安寧，則謂之惡，善惡的分別、完全決於言行所及於人生安寧的影響。道德只以實現人生安寧爲範圍，至於禽獸的安寧，則非所顧及。禽獸當然亦謀求自身的安寧，但人類無法爲之代謀。人類誠然不應當無故虐待禽獸，惟進一步以維護禽獸安寧爲責任，則是人所無法做到的事情。蚊子、蒼蠅、虱子、臭蟲、吸食人血，帶來病菌，對於人的生存、具有甚大的威脅，人們正力求加以撲滅，斷無反加以保護之理。毒蛇猛獸，更是人類的大敵，一旦遭遇，不易逃其呑噬。共存之道無由建立，唯有借藉智力予以消滅。人類的營養料、都取給於有機物質，不犧牲動物與植物，無以維持其生存。列子說符篇載：「齊田氏祖於庭，食客千人，中坐有獻魚鴈者。田氏視之，乃歎曰：『天之於民厚矣，殖五穀，生魚鳥，以爲之用。』衆客和之如響。鮑氏之子年十二，預於次，進曰：『不如君言。天地萬物與我竝生類也。類無貴賤，徒以小大智力而相制，迭相食，非相爲而生之。人取可食者而食之，豈天本爲人生之！且蚊蚋噆膚，虎狼食肉，非天本爲蚊蚋生人，虎狼生肉者哉」。田氏所說與鮑氏之子所說、兩相比較，前者自不若後者的合理。動物植物原非爲了供給人類食用而生，但人旣生爲不是餐風飮露所能療饑的動物，則除却自甘滅亡以外，自不能顧及動植物的安寧。所以恩及禽獸草木，雖爲慈悲的懷抱，却沒有實現的可能，不足懸爲道德的目標。

第三章　安寧的意義與求安的途徑

道德的任務既在於實現人生的安寧，則所謂安寧者、究屬何等樣的狀況、必先有一個正當而明確的觀念。設或觀念不正確，誤以不應視爲安寧者而視爲安寧，孜孜以求其實現，則道德將與其所應趨的方向背道而馳了。現在從不安的由來說起，以反映安寧之爲何等狀況。

米珠薪桂，三餐不繼，天寒地凍，衣衫單薄，在如此饑寒交迫的情形下、任何人都會感到不安。此種不安、可稱爲凍餒的不安。身患疾病，臥床不起，四肢無力，飲食無味，在如此病魔糾纏的情況下、亦必感到不安。此種不安、可稱爲病患的不安。至親好友，旅居異地，久未通信，不知其近況如何，不免掛念而感到不安。約期交稿，尚未着筆，時縈於懷，深恐衍期。如此的不安，可稱爲牽掛的不安。家人不幸遭遇車禍，慌忙送入醫院急救。鄰居發生火災，慌忙收拾細軟，趕快逃避。這種緊急情形所引起的不安、可稱爲慌亂的不安。同學一事，他人的成績高，我的成績低。經營同一業務，他人成功而我失敗。此種事不如人的感覺下所發生的不安、可稱爲嫉妬的不安。至親好友、因患病或罹難而死亡，衷心悲戚，涕淚交流。目睹難民無衣無食的凄慘景象，不禁爲之泫然。此種不安、可稱爲悲傷的不安。今日三餐雖已勉強應付過去，明日三餐尚不知如何籌措。世局動盪，人心思亂，時時有暴動消息傳來，不知何日方能獲致全面的太平。此種不安、可稱爲憂愁的不安。竊盜橫行，車禍時聞，居家行路，都須小心翼翼，不可大意。自己做了不可告人的事情，多方設法隱蔽，深恐爲人所知。此種不安、可稱爲恐懼的不安。

以上舉了八種不安，不過舉其較爲顯著的，非敢謂不安只此八種而止。此八種之中、憂愁的不安與恐懼的不安、可爲代表，其他六種、都可歸屬其中。凍餒的不安、病患的不安、牽掛的不安、嫉妬的不安、悲傷的不安、這五種可納入憂愁的不安，慌亂的不安則可歸入恐懼的不安。人生的不安、大致來自憂愁與恐懼，故若能做到無憂無懼，則人生當可安寧了。故人生安寧、可描述爲人生無憂無懼的狀況。論語顏淵篇載有孔子對司馬牛所說的一句話：「君子不憂不懼」，論語述而篇又載有孔子的一句話：「君子坦蕩蕩」。「不憂不懼」與「坦蕩蕩」，都可爲人生安寧的寫照。不過此云無憂無懼、說得明確一點，應當於憂字與懼字上各加一個可字，稱之爲無可憂無可懼。無可憂無可懼、意卽沒有可憂可懼的事實存在，因而用不到憂、用不到懼。若可憂可懼的事實未嘗絕跡，只是付之不聞不問，不思不慮，以使心內無所憂懼，則只是虛僞的安寧，不是眞實的安寧。不安既未消除，又益之以漠然無動於衷的不憂不懼，徒使不安更加滋長，且衍生其他的不安。故眞欲驅除不安，又必須有憂有懼，既憂不安之潛滋暗長，又懼驅除之不易爲功。必如此有憂有懼，而後始有進入無憂無懼的希望。有憂有懼、係就未安求安時所當懷有的心理狀況而言，無可憂與無可懼、係就安寧既得後所能達到的心理狀況而言。孟子所說的「生於憂患」、正指出了有憂有懼之爲求安的正當途徑。

安與逸、粗看起來，似乎完全相同，所以在日常言語中、往往安逸二字連用，一若安卽是逸，逸卽是安。實則此二字的意義、雖有時相通，却並不完全相同，有明加分別的必要。逸字是勞字的相反詞，故其義爲不勞，如紈袴子弟的既不勞力又不勞心、可謂達到了逸的極致。此下爲行文便利計，有須用複音詞時、擬稱爲閒逸，俾與安寧易於分別。不勞不一定是安，有的是安，有的不是安。勞動過度，精神疲憊，體力衰減，在如此心力交瘁的情形下、既感到不逸，亦感到不安。休息以後、精神體力逐漸恢復，則既感到逸，亦感到安。故在精疲力竭的當時及休息期間、逸與安是兩相一致的。適度勞動、勞力或勞心，既有所事事，自不能謂之逸。但若沒有別的攪擾因素揷入其間，則勞動本身、在其適度範圍以內、不會引起不安。反之，飽食終日，無所用心，閒逸是閒逸極了，但正因過於閒逸，反要覺得無聊，無聊卽是不安。故在如此的情形下、安與逸是不相一致的。逸與勞相拒，逸則不勞，勞則不逸。安與勞雖不一定相連，却可以相容，有勞而不安的，如過度的勞動，亦有勞而安的，如適度的勞動。此爲安與逸不同的主要所在。我們只可以求安，不可以求逸。因爲求安則得安，求逸則不能得安，只會得到不安。求安與求逸的不同、其主要關鍵在於勞動之是否受到排除。求安不但不排除勞動，且有待於勞動爲之幫助。安寧不是坐待所能得到的，必須多方努力而後始能獲致。例如欲袪除凍餒的不安，必須努力於勞心勞力的工作，而後衣食始得齊全。求逸則排除勞動，無所事事，其結果必致無聊而不安。無聊之極、又不屑從事勞心或勞力的正當工作，必且投向不正當的娛樂以傷害身心而益增不安。孟子所說「生於憂患而死於安樂」、正在警惕人們：不要求逸而不求安。

安與逸不相一致，但時或相通。故欲達到閒逸狀況所不可或缺的、不是欲達到安寧狀況所不可或缺，但雖非不可或缺，却亦時或需要。對於閒逸貢獻最大而最爲其所不可或缺的、是財富。因爲既不從事任何職業性的工作而無薪津可支，必須擁有相當的財富，方足以維持其日常生活與閒逸生活。財富愈豐，愈足以肆其閒逸。若貧無立錐之地，一日不工作，便一日無以餬口，則雖性好遊蕩，除了行乞或盜竊以外，勢且無法遊蕩。安寧則不然，雖亦有時必須借助於財富，但不一定要借助。且財富的增多、不一定能提高安寧的程度，財富與安寧不成比例。凍餒的不安、不有金錢，無從解除。病患的不安、所患若爲普通的疾病，有錢就醫購藥，可獲早日痊愈，所患若爲不治之症，便非金錢所能爲力。至若嫉妬的不安、如學業的不如人、亦非金錢所能解除。多財不但有時無補於安寧，且漫藏誨盜，積聚豐厚，可能引起歹人的覬覦，而有遭受勒索盜刼乃至綁票的危險。兄弟姊妹之間、因爭奪遺產而失和，更是屢見不一見的事情。故財富之爲物、有時會傷及安寧。中國人對於金錢的觀念、常人習於錢能通神的諺語，視金錢爲萬能。舊日的士大夫受了禮教的薰陶，心坻裹雖亦珍視金錢，口頭上則鄙視金錢，今則受了西方思想的影響，漸漸心口如一，不復以言利爲恥。從安寧與財富的關係上看，財富不宜過於輕視，但亦不宜過於重視。過於輕視，則無以維持一身及家族的安定生活，其結果勢且累及社會。過於重視，則貪得無厭，不惜剝削他人、侵佔公物，以攪亂公共的安寧。道德以實現人生的安寧爲任務，故從道德的觀點來說，人人都須有相當的財富，以鞏固安寧，但不宜有過多的財富，以免流於閒逸而有傷安寧。

以上旣述安寧的意義及其與閒逸的不同，此下試述安寧的各種情況，俾安寧的意義益增其明確。安寧、自其範圍的廣狹言之，可以有寡安與衆安的分別。自其程度的高低言之，可以有小安與大安的分別。自其維持時間的短長言之，可以有暫安與久安的分別。自其效果的虛實言之，可以有虛安與實安的分別。

㈠寡安與衆安　寡安係指一個人或少數人的安寧而言，衆安係指大多數人的安寧而言，狹言之，則爲社會的安寧，廣言之，則爲人類的安寧。衆安固爲人人所當尊重，寡安亦不可有所輕視，縱使寡到一個人的安寧，旣屬安寧，卽當在尊重之列。不過衆安與寡安兩相比較，前者自屬更爲重要。衆安而遭受破壞，寡安必難倖免。寡安而遭受破壞，衆安雖亦受其影響，其受損程度不定與寡安所受者相同。例如大股土匪作亂，殺人放火，村里爲墟，個人雖或倖免於死，亦且家產蕩然。一家遭受盜刼，鄰居雖亦震驚，可能無所損失。

衆安與寡安、在通常情形下、是兩相融洽的，在特殊情形下、則可能兩相牴觸。衆安是集寡安而成的。故必此一部分的人安寧，彼一部分的人亦安寧，任何一部分的人無不安寧，而後衆安始克完成。若有一部分人未獲安寧，則衆安便殘缺不全。不過寡安之有時阻礙衆安的實現與有時傷害衆安的保全、亦爲不可否認的事實。例如建築某種公用場地，以供公衆的使用，適有若干住戶建屋其上，若欲避免這些住戶遷建的不安，則公用場地的建築便無由實現。又如小偷竊人財物，令人多所損失，若爲了維護小偷的身體自由而不將其送入監獄，則衆安便無以保全。遇到如此的情形，唯有本諸衆安重於寡安的原則，犧牲寡安以成全衆安。爲國捐軀的戰士、其所以爲人敬佩，正因其能犧牲一己的寡安以保護民族的衆安。

㈡小安與大安　小安係指安寧程度較低的與部分的安寧而言，大安係指安寧程度較高的與整體的安寧而言。飲食粗糲，僅免饑餓，雖亦可稱爲安寧，因其程度甚低，只是小安。營養充足，身體壯健，其安寧程度高於僅免饑餓，故對僅免饑餓而言，可稱大安。人生安寧、於身體壯健外、尚需要豐富而正確的知識與正常而穩定的情緒，三者俱備，方成整體的安寧。身體壯健只是整體安寧的一部分，故對整體安寧而言，又只是小安，身心俱健，方是大安。小安的價值、當然不及大安。僅免饑餓，當然不如營養充足，僅有壯健的身體，當然不如身心俱健。所以理想所在、當然是大安，不是小安。不過在大安尚未實現之前、應當先求小安，未可因其小而予以忽視，因爲小安總勝於不安。及至小安既經實現，則又須更進而謀求大安。身體壯健、總比時多疾病來得安寧，僅免饑餓、亦比飲食無着來得安寧，所以爲了免除不安，應當先求小安。僅免饑餓以後、則當進而謀求營養的充足，身體壯健以後、則當進而謀求情智的健全。所以爲了免除滯於小安，又當進而謀求大安。不從謀求小安起步，而徒憧憬於大安，則爲不務實。甘於小安，不思更進一步以謀求大安，則爲沒志氣。不務實與沒志氣、都非理想所許。

小安雖大抵無害於大安，但亦有足以阻撓大安之實現的。先就比較細小的事情來舉例，幼時習於用左手拿筷子，不肯稍費力氣以從事矯正，及既長大，參加宴會，與坐在左鄰的人同時舉筷，以致兩臂相撞而惹人厭惡。這可謂貪圖小安而傷了大安。次就較爲重大的事情來舉例，惡瘤初生，若能及早割除，本可不致釀成大害，只以當時無甚痛楚，不願受開刀之苦，因循不治，卒至積毒已深，無可救藥。這亦可謂貪圖小安而傷了大安。「毒蛇螫手，壯士斷腕」、是一句意義深長的話，教人忍痛割愛小安，俾便達成大安。

㈢暫安與久安　暫安是短期間的安寧，歷時不久，卽行消失，復歸於不安，久安是長期間的安寧，歷時雖久，依然存在，使不安久久不得擡頭。試以淺事爲例，頭痛不安，服藥醫治，所服若爲治標的藥品，則雖止痛於一時，及藥性一過，便又發作。故治標藥品所帶來的、只是暫安。所服若爲治本的藥品，則病根既除，疼痛自歸於消滅，不再發作。故治本藥品所帶來的、方是久安。久安的價值、高於暫安，所以人們最終所欲獲致的、是久安，不是暫安。像「今朝有酒今朝醉，明日無錢明日愁」那樣的頹廢思想、只求暫安，不求久安，可說是人生安寧的大敵。至於暫安是否應當輕視、則非可一概而論，有應當輕視的，亦有不應當輕視的。暫安或接續不斷，或不相接續，不論其接續與否，各有其可輕視的與不可輕視的。饑餓不安，一經飽食，不安卽行消失，但經過相當時間，腹中空空，又須再食。故就每餐而論，所得只是暫安，一日三餐所得、只是三次暫安。但這些暫安接續不斷，便構成了不饑不餓的久安。如此的暫安、實與久安無別，應當與久安受到同樣的重視。精神不振，體力不支，吸一筒鴉片，打一針嗎啡，精神體力立刻倍增，經過相當時間，再吸再打，每次各有奇效。及至吸食打針上了癮，則精神萎靡，身體虛弱，釀成大害，無法恢復。此種暫安之應受到鄙視、無待贅言。不相接續的暫安、亦有對於久安有所貢獻的，有對於久安有所阻礙的。故不論何種暫安，只要是有助於久安的，都不應輕視，只要是有害於久安的，都應輕視。治標僅能獲致暫安，治本方能獲致久安，故治本重於治標。但在治本未奏全功以前、亦不可廢棄治標。在久安未達成以前、只要不是飲鴆止渴，暫安亦有其價值。

㈣虛安與實安　虛安是虛有其表而無其實的安寧，只是一種幻象，實安是既有其表又有其實的安寧，纔是一種實況。人們所求的、當然是眞實的安寧，不是虛僞的安寧。虛安的起因、可有多種，故其價值參差不一，大體言之，隨其起因而異。有些虛安、起於不安的不知。小而言之，個人身體中隱伏着危險的病根，正在潛滋暗長，接近發作的階段，而自己不知，方以爲康健如昔。大而言之，民間亂端已萌，政府不及覺察，甚或亂象已成，猶懵然不知，方以爲國家太平，人民安謐。亦有虛安、起於故意的隱蔽。不安業已存在，且亦明知其存在，却故意裝作不知，不加理睬，以保持心境的寧靜，如個人的諱疾忌醫，如政府的粉飾太平。這兩種虛安、對於不安、採取放縱態度，任其日益滋長，不謀所以撲滅，其爲害之大、等於製造不安。有些虛安、志在防患，用以阻止不安的滋長。例如從事國際戰爭而漸呈劣勢，人民本已感到不安，若將每一戰役的失敗情形如實宣佈，將使士氣低落，民心崩潰，以至於不可收拾。不得已，只好把小敗詭稱小勝，把大敗詭稱小敗，以安人心而徐圖轉敗爲勝。如此製作虛安、是值得原諒的，因其阻止了人心的不安而未加重戰敗的損失。又有虛安，志在撫慰，用以延緩不安的來臨。例如醫師對於一個垂危而神志猶清的病人、若告以病況的眞相，足使病人因惶急而即刻死亡，自不如詭稱病況已有轉機，只須安心靜養，雖無補於病情的挽救，至少可以鬆弛其緊張。如此製作虛安，正是醫德所應爾，是值得讚許的。故虛安而無害於實安的實現，不必深責，有時且應加以讚許，虛安而阻礙實安的謀求，則應深惡痛絕，不可稍加寬恕。

人人企求安寧，而甚少人能享受全面的安寧，非因安寧旣高且遠，不可幾及，只因人人所由以求安的、未得其正當的途徑。人的安寧，互相影響，互相牽連，無法割斷。個人的安寧、不是個人獨力所能求得，必賴衆人的合作。此人遵循正路以求安，他人不遵循正路，妨礙了別人的求安，則此人的安寧勢且難於實現了。例如某甲顧全別人的安寧，不憚煩勞，將食餘的果皮送入垃圾箱中，他人只圖方便，隨吃隨把果皮擲諸路上，則某甲行走的安全便無由確保了。又如某甲飲食有節，作息有度，屋宇清潔，蚊蝨無存，對於衛生講求得無微不至，但若環境衛生不佳，汚穢滿地，蒼蠅成羣，引發了傳染病，則某甲之倖免傳染、亦將沒有把握了。再如某甲工作勤愼，省吃儉用，積有少量財富，生活相當安定，但若遇上小偷的大搬家，則某甲的安寧便大受破壞了。他人的求安途徑是否得當，足以影響我個人安寧的能否實現，我個人的求安途徑是否得當，同樣亦足以影響他人安寧的能否實現。任何一個人的安寧、都有賴於大家的通力合作，方有實現的希望。故在求安之際、不可以採取個人本位主義，不可以專顧一己的寡安而忽視社會的衆安，更不可破壞社會的衆安以成全一己的寡安。在通常情形下、社會的衆安必包括一己的寡安，社會安寧了，個人必亦隨以安寧。竊盜之風絕跡，則個人用不到時時懷着被竊的不安，路不拾遺之風興盛，則個人雖不愼失物，亦用不到懷有原物不返的憂懼。故謀求社會的衆安，正所以保全一己的寡安。在特殊情形下、一己的某一部分寡安、若果足以阻礙社會某一部分衆安的實現，則應當不惜犧牲一己的寡安以成全社會的衆安。須知一己的寡安目前雖被犧牲，一旦社會的衆安實現，一己亦必分享其果實，足補前日的犧牲，個人是不會吃虧的。

安寧的實現、固有待大家的通力合作，但個人的努力並不因此而降低其重要。大家的通力、是許多個人的獨力所集合而成，故必須有堅強的獨力，方能合構以成堅強的通力。構成分子愈堅強，合構所成的整體亦愈堅強，所以個人切不可存有自卑感、以爲一木難支大厦，以爲個人的微小力量對於社會的衆安不能有多大的貢獻，因而鬆懈其努力。假使人人都作如是想，退縮推諉，不肯賣力，則烏合之衆，對於安寧的實現、眞將不能有所作爲了。若人人能有自任中流砥柱的決心與勇氣，各盡所能，奮鬭不懈，則所求縱非易致，亦無不能求致之理。所以個人都須勉爲鬭士，勿作逃兵。個人在社會中、自數量看來，確甚渺小，但其言行所帶給社會的影響、決不如是渺小，却要大好幾倍。因爲個人的言行、不僅影響個人本身，且亦影響其他的人。牽一髮而全身動、可爲此一情形的寫照。任何言行、都會發生暗示的作用，而每一個人又都具有或多或少的被暗示性，故一唱甚易引起百和。在聆聽講演時、一人鼓掌，卽有多人隨着鼓掌，可見一唱百和的一斑。偏激言行的暗示、尤易令人感染，羣衆暴動、大抵由此而起。所以個人必須愼言愼行，免爲禍首。有人過着奢侈乃至糜爛的生活，方以爲自己有錢自己用、是個人的自由，無傷於道德。實則影響所及，引起他人的羨慕與倣效，使有錢者揮霍無度，蕩盡其家產，使無錢者暗竊明偸，以維持其淫佚的生活。蕩盡家產與暗竊明偸、既有害於個人的寡安，亦有害於社會的衆安。

故個人奢侈糜爛的生活、實爲破壞人生安寧的罪魁。所以個人又須努力檢束自己，庶幾對於人生安寧只有貢獻而無破壞。

通常講到道德，有私德與公德的分別，一若私德與公德可以分道揚鑣，不相牽涉，私德的好壞、不意味着公德的好壞，反之亦然。至於私德與公德如何劃分、通常以安寧的享受主體爲分別標準，所實現的是個人自己的安寧，則稱爲私德，所實現的是他人的安寧，則稱爲公德。如此分別、雖似簡單明瞭，但細按之，則未必然。個人一己的安寧與他人的安寧、息息相關，一己的安寧必波及他人，他人的安寧亦必波及自己。故通常所視爲私德的、未有純屬私德而不帶有一毫公德的氣息，通常所視爲公德的、亦未有純屬公德而不帶有一毫私德的氣息。例如生活節儉、是通常所視爲私德的。平日不妄費一文以維持安定的生活。自此點言之，誠屬私德。積有餘資，老來足以自存，不作社會的寄生蟲，且影響所及，足以鼓舞他人的節儉。自此點言之，則不能謂與公德無關了。施米施衣是通常所視爲公德的。救濟苦難同胞，不任其淪落爲盜以破壞社會的安寧。自此點言之，誠屬公德。社會安寧了，個人的安寧必受其蔭蔽。自此點言之，則又不能謂與私德無關了。所以私德必兼公德，公德必兼私德，不能嚴格劃分，更不會有所牴觸。我們只要勵行道德，定可公私兼安。

寡安不可害及衆安，小安暫安不可害及大安久安，苟有所害，不得濫稱爲安，只配稱爲不安。世間對於有害衆安大安久安的言行、因其志在求取寡安小久暫安、而加以寬恕，其評斷可否謂爲妥當、殊覺可疑。現在試引一則史實爲例，以資論述。後漢書吳祐傳載：「嗇夫孫性私賦民錢，市衣以進其父。父……促歸伏罪……祐曰：『掾以親故，受汚穢之名，所謂『觀過，斯知仁矣』」。「私賦民錢」、用現代語來說，就是索取紅包。孫性索取了紅包，買衣服以孝敬他的父親，吳祐引用論語里仁篇所載孔子的話「觀過，斯知仁矣」以評斷孫性的所爲。在吳祐之意、私賦民錢、誠屬過失，用以爲父親買衣服，則呈露了一片孝心，應當許其爲仁。吳祐對於孔子原語的解釋、其未能得當、姑置不論。就吳祐的評語看來，可見其對於孫性所爲寄予相當的同情。後世與吳祐持有同樣態度的人、數不在少。盜賊亦看透此一情形，故在被捕以後、便訴說：堂上有八十老母，家貧無以奉養，不得已而出此下策，以冀減免刑責。審判者爲其孝心所動，竟亦或免其罪，或減其刑。如此的同情、若果承認其爲正當而容許其發展，則凡爲了仰事俯畜而監守自盜或收受賄賂、無一不在可宥之列，社會安寧又將何以維持！孫性所爲、其志固在略盡孝思、以求一己的寡安，亦在爲父添衣，以求父親的寡安。但其父促使孫性伏罪，可見其父並未因其子進衣而感到安寧。孫性自己則因貪汚而得惡名，鑄成終身大辱，亦未見其能感到安寧。官吏索取紅包，社會的衆安受其騷擾，蒙其大害。故孫性所爲、未足以實現寡安，只足以破壞衆安。再就小安與暫安而論，父親知道了購衣之欵得自收賄，不會因其子進衣而感到小安與暫安，反因教子無方，玷辱家門，而感到大大的不安，且久久不能平息。故從求安的觀點來看，孫性所爲、可謂一無是處。

第四章　善惡與眞僞的關係

求善必先求真，去惡必先去偽。真偽分明。方能引導言行趨向於善而不入於惡，所以真偽是善惡的先決條件。但眞者非必善，僞者非必惡，不能因其眞而卽認定其爲善，亦不能因其僞而卽認定其爲惡。眞僞與善惡、是兩囘事，不可混爲一談。

現在先述眞僞之爲善惡的先決條件。在闡述此點之前、應把眞僞二字的意義簡單地說一說。眞僞是知識論上一個重大問題，古來哲學家、尤其近世的哲學家、都曾苦思焦慮，以期有所貢獻，見仁見智，學說紛紜。本書是一部平凡的道德觀，只須作平凡的闡述，用不到作深入的研討。眞僞是主觀的認識內容與客觀的認識對象間的關係。依照平凡的看法，不妨採用荀子正名篇所說「知有所合，謂之智」的遺意，以「合」來描繪此一關係的情況，凡認識內容與認識對象相合的、謂之真，凡認識內容與認識對象不相合的、謂之偽。試以淺事爲例，眼前的桌子是長方形的，我們認識其爲長方，桌子的這一端有兩條腿，那一端亦有兩條腿，我們認識其有四條腿。如此的認識、因其與桌子所具的情況相合，故是眞的。我們若把長方形的桌子認識爲正方形，把桌子的四條腿認識爲三條或五條。如此的認識、因其與桌子的實在情況不相合，便是僞的。

認識內容與認識對象的相合、不可誤認爲書籍的原本與影印本那樣的相合。認識不能把對象的原形影印在心上、一筆一劃都沒有參差，因爲有些事物的原形、事實上是不能影印的。人們所認識的、大抵只是那事物的符號，不是那事物的原形。例如紅綠青黃、在認識內容上是各種不同的顏色，在認識對象上却是各種不同的光波。人們不能看見光波，只能看見代表光波的符號。人們的認識既不能直貫對象的原形，只能接受其符號，則認識內容與認識對象勢且無從相合，眞的認識亦且無由成立了。此亦不然。引發紅色感覺的光波、始終只會引發紅色感覺，引發黃色感覺的光波、決不會引發青色感覺。某一實物、專用某一符號以爲代表，某一符號、專代表某一實物。實物與符號之間、有着固定而決不移易的關係，有如電報號碼之某一數目、只代表某字，決不代表他字。所以我們接到一通滿紙數目字的電報，卽可據以譯成一篇有意義的文字。假若我們把認識對象分成主人與代表兩層，則我們有把握能見到的、是其代表，不是其主人。但雖見不到主人而只見到代表，却因代表者對於主人代表得非常忠實，所以見到代表，亦等於見到主人，正如所接到的、儘管不是傳眞電報，不是發電人所手書，但所收效果，與讀其親筆函件並無不同。故上文所說的認識內容與認識對象的相合、若把認識對象解作對象的主人，且把認識作用解作影印作用，則內容與對象確是無法相合的。若把認識對象解作對象的代表，且把認識作用解作接受符號的作用，則內容與對象是不難相合的。本文所云相合、卽指後一種意義而言。故內容與對象是可能相合的，眞的認識是可能成立的。眞僞以與對象相合不相合爲分別標準，故眞僞的最終決定權存於對象。告子說：「彼長而我長之，非有長於我也，猶彼白而我白之，從其白於外也」（孟子告子上），正以具體的事例闡發了認識作用的特色。我們不妨採用告子所說，稱認識作用爲從外作用，俾與想像作用劃分，以免混淆。

認識眞了，纔能使言行獲致善果，認識錯了，定會陷言行於不善，其理甚明，試舉一二淺例，即可見其梗概。今設有人欲往某校，向你問路，你告以何處向東轉，何處向南轉。你所知若正確無誤，則問路者依以行走，定可順利到達，而你亦可說做了一件小小的好事。反之，若你所知道的、與事實完全不符，問路者依以行走，走了許多寃枉路而不能到達目的地，則你雖未存愚弄他人的惡意，却收了愚弄他人的惡果。再如病人患盲腸炎而感到腹痛，醫師診斷正確，即時爲之切除，則病者臥床數日，便告全愈，而此醫師亦堪稱良醫。若醫師誤診爲急性腸炎，施以腸炎的治療，則原屬易於治愈的疾病，亦且因耽誤而終告死亡，此一醫師遂亦成了殺人的庸醫。認識的眞僞對於言行的善惡、其影響之大、觀此淺例，當可無疑。

善惡之所以必以眞僞爲先決條件、是善惡的涵義所使然。善惡的分別、如前已述，決於人生根本要求之能否藉以滿足，能滿足根本要求的、謂之善，不能滿足而反有害的、謂之惡，而何種言行之能滿足要求、與何種言行之不能滿足要求、則完全要靠認識來決定，不是他事所能代庖。故欲爲善而不爲惡，必須先有眞確的認識。所須認識的、概括言之，可分三層。

首先所須認識得眞而不僞的、是根本要求的所在。知道根本要求在於謀求安寧，則認識內容與認識對象相合，眞而不僞。言行奉以爲最高指導原則，時時處處遵行不懈，則所言所行定會無一不善。若誤認根本要求在於謀求閒逸，認識內容與認識對象不相符合，僞而不眞，言行遵其領導，勢且進入於惡。

其次所須認識得眞而不僞的、是各種事物的性能與相似事物間的區別。此云事物、是廣義的，不論其爲物質的或精神的，只要能爲我們認識對象的，統稱爲事物。就物質的事物而言，如蒼蠅蚊子之會傳播病菌、如空氣流通之會增進健康、凡此事實、能一一認識清楚，方足以應付日常的生活，一有誤認，日常生活便會受到不良的影響。就精神的事物而言，如謙恭之爲和顏悅色而能引起對方的好感、如傲慢之爲盛氣凌人而會引起對方的惡感、這些亦是客觀的事實，必須認識淸楚，方足以奠定合羣的基礎。若誤認傲慢爲方足以顯示自己的威嚴，誤認謙恭爲只足以暴露自己的弱小，影響所及，勢且危害羣體的團結。事物有似是而實非的，尤須辨別淸楚，不可任其混同。魚目不可以混珠，頑石不可以充玉，諂媚不可以誤認爲謙恭，嚴肅不可以誤認爲傲慢。似是而非的、極易相混，相混的結果、爲害甚大。所以孔子深惡似而非者，孟子盡心下篇引有孔子的話：「惡似而非者，惡莠，恐其亂苗也，惡佞，恐其亂義也……」。

再次所須認識得正確無誤的、是具有何種性能的事物之足以致安與具有何種性能的事物之足以致不安。認識了事物的性能，即此而止，與道德不發生關涉，則須更進一步，認識其對於安寧的影響。上二層的認識、完全是事實的認識，欲與道德發生關涉認識、則進入價值的認識。價值的認識又當分為二層來闡述。第一層所擬闡述的、是單向的認識，亦可稱為居常的認識。第二層所擬闡述的、是雙向的認識，亦可稱為應變的認識。先述第一層的單向認識。知道了空氣流通之足以增進健康，而增進健康有助於人生安寧的實現，便可認定空氣流通之爲有價值，因而且可認定其相反情況之爲無價值。知道了和顏悅色之足以引起對方的好感，而引起好感有助於人生安寧的實現。便可認定和顏悅色之爲有價值，因而亦可認定其相反態度之爲無價值。我們適用空氣流通以處理人的身體，適用和顏悅色以處理人的感情。所適用的與所處理的、同爲人們的對象，爲了敍述方便起見，擬稱前者爲適用對象，稱後者爲處理對象。價值的有無、決於此兩種對象的關係，原非適用對象所能單獨決定。今謂空氣流通足以增進健康與和顏悅色足以引起好感，僅僅着眼於適用對象的性能，未把處理對象的性能一併加入考慮之中，單憑一方面來決定，故稱爲單向的價值認識。又因空氣流通之能增進健康與和顏悅色之會引起好感、均以通常事物假想爲處理對象，未顧及實際處理對象之可能具有特殊情況，所居的是常理，故亦可稱爲居常的價值認識。

次說雙向的或應變的價值認識。此種認識、一方面顧及適用對象的性能，他方面亦顧及處理對象的性能，在兩種對象性能的配合上、決定價值的有無。在此一觀點下、極大多數的事物、都不是在任何情形下都可適用，亦不是在任何情形下都不可適用。在某一情形下可以適用而極有價值的、在另一情形下、不一定能有同樣的價值，甚且可能轉成無價值。一定要適用對象恰恰適合於處理對象而有助於人生安寧的實現，纔有價值，若不恰恰適合而無助於人生安寧的實現，則成無價值。此一道理、孔子早已有所啓示。論語微子篇載有孔子的一句話：「無可無不可」，意卽事物本身、原無固定的可與固定的不可，在此爲可的、在彼可能轉成不可。然則可與不可、如何決定呢？孔子在里仁篇內提示了決定的標準：「義之與比」，要由義來決定。義、卽是宜，卽是適當。故凡用得適當的，便是可，用得不適當的、便是不可。例如空氣流通、用之於無病的常人，足以增進其健康，用得其宜，故是有價值的，用之於患有應當避風的疾病的人，反足以加重其病況，用失其宜，轉成無價值了。又如和顏悅色、用以應接性情尋常的人，能引起其好感，用得其宜，故是有價值的，用以應接一個性情乖僻而不喜謙恭的人，反足以引起其惡感，便轉成無價值了。故價值是流轉不居的，其有其無、完全存於適用之是否得宜。呂氏春秋蕩兵篇云：「善用之則爲福，不能用之則爲禍」，正顯示了此一道理。此種認識、旣顧到適用對象的性能，亦顧到處理對象的性能，雙方並顧，故可稱爲雙向的價值認識。又因其不拘執處理對象的常態而能顧及處理對象的變異，故亦可稱爲應變的價值認識。此一層認識、與道德的關係最爲密切，故欲爲善而不爲惡，最應予以注意。

世間有許多美名，都只依單向的認識所評定，若衡以雙向的認識，不定能保持其爲美。例如互助、是一個美名，至其所以爲美、僅因其能互相解除困難，未嘗兼顧所除困難之爲何等樣的困難。若衡以雙向的認識，則互助之爲美爲惡，初無一定，助所當助則美，助所不當助則惡。朋友有急病而送其就醫，朋友無力繳付學費而代其籌措，助所當助，足副互助的美名。朋友而爲不良少年幫派的分子，時常從事於尋仇打架，若亦爲之助拳，則助所不當助，與互助之所以爲美、不相符合了。所以我們處世接物，應當極端審愼，切不可惑於美名而誤入歧途。

事實的認識與價值的認識、同出於理智的作用，自可同稱爲認識。但爲了敍述淸晰起見，不如分用二名，以免混淆。此下擬把認識一名專用以稱呼事實的認識，至於價值的認識，則別用衡量二字以爲其名稱。認識所得、稱爲眞僞，衡量所得、則稱爲正誤，以與眞僞相分別。認識與衡量、當其默然存於各個人的心中，對於人生安寧的實現、沒有實質的影響可言，必待發爲具體的言行，纔能對於安寧的實現、有所幫助或有所損害。道德以實現人生安寧爲職志，故欲道德底於完成，必須於認識與衡量以後繼之以實踐。實踐的結果、則用善惡二字作評語。所以道德上的言行、必經歷三個階段：初爲認識，中爲衡量，末爲實踐。衡量以認識爲基礎，實踐以衡量爲直接基礎，以認識爲間接基礎。基礎不固，則建築於其上的屋宇亦必隨以不能穩固。故眞僞不明，則衡量難期其必正，正誤不明，則實踐難期其必善。故欲爲善而不爲惡，必先求認識眞切與衡量正確，以鞏固基礎。珍視善惡而忽視眞僞與正誤，其所云善惡、將如無源之水，不能宏暢。荀子勸學篇云：「君子博學而日參省乎己，則知明而行無過矣」。其言「知明而行無過」，表示着「知明」與「行無過」間的程序，亦卽表示了必先認識眞切衡量正確而後言行始能免於過失。

基礎未穩，不宜於其上有所建築。眞僞未明，正誤未定，不宜作輕率的論斷，不宜作匆遽的行動。愼言愼行、是道德上一件重要的事情，且爲孔子所嘗盡力提倡。論語述而篇載：「子曰：『蓋有不知而作之者，我無是也』」。這是自述其愼言愼行的情形。「不知而作」、卽是無所知或知道得不明確而妄言妄行。孔子自身則不敢如是，必待認識眞切衡量正確，而後纔敢有所言有所行。孔子於訓誨子張時、把愼言愼行的道理說得更詳切。依論語爲政篇所載，孔子告誡子張道：「多聞闕疑，愼言其餘，則寡尤。多見闕殆，愼行其餘，則寡悔」。爲人要多聞多見，多積經驗，以充實知識，以奠定分辨眞僞與正誤的基礎。覺得可疑的、要捨棄而不說，覺得不妥的、要捨棄而不爲。捨棄以後剩下來的、雖沒有甚大的可疑與甚大的不妥了，但容或留有細微的可疑與細微的不妥，所以還是不可大意，還是要審愼斟酌以後再說再做。如此愼上加愼，纔會減少他人的責難，纔會減少自己的懊悔。孔子此種風度與訓誨、是值得我們取法而謹守的。

道德所經歷的三個階段、其難與易、正如　國父知難行易學說所昭示，其第一階段的認識與第二階段的衡量、同屬於知，其事較難，其第三階段的實踐、始屬於行，其事較易。現在試以認識為基準，說明其較難較易之故。適用對象的性能、有易於認識的，為常識所能見及，有不易認識的，必待學習了高深科學而後始能知道，有難至迄今猶未有人能認識的，尚待科學家悉心研究。單向的衡量、依據認識的結果而賦以價值，其作用較為簡單，只須把認識的眞僞納入價值的封套之中，即成衡量的正誤。故單向的衡量隨着認識的難易而難易，其難易正與認識的難易相等。雙向的衡量、於認識適用對象的性能以外、又須認識處理對象的性能。同此處理對象、其性能又往往因處境不同而發生或多或少的變異，尤為認識所不可忽視。故雙向的衡量、比認識較難。至於實踐，用不到另加一番考慮，只須把雙向衡量所決定的形諸言行，不過一啓口一舉手之勞，故在三個階段之中、是最容易的一段。知難行易，而行以知為本。故難者不先解決，易者亦且無從解決，雖欲捨難而圖易，勢且有所不能。論語雍也篇載有孔子所說「先難而後獲」一語，可引以闡明此一關係，必先致力於難者而有所成就，易者始能隨以有所收穫。

以上既述眞僞之為善惡的先決條件，此下試述眞僞與善惡之非一事而不可混同。此云眞僞、專指認識的眞僞而言，至於衡量的正誤，則不屬眞僞。

眞僞與善惡、是兩對不同意義的概念。如前所述、眞僞是認識內容與認識對象的相合與不相合，善惡是言行對於人生安寧的實現有所貢獻或有所損害。其義旣不相同，其事自應分而爲二。故凡應以真偽來論斷的、不當代以善惡，凡應以善惡來論斷的、不當代以眞僞。例如知道地球之繞日而行，只能謂其爲眞，不能謂其爲善，以穢語罵人，只能謂其爲惡，不能謂其爲僞。眞僞與善惡、是異類的評語，不能互相替代。不過世間亦有事物，雖屬異類，却必相因而至，從不分離。例如等邊三角形與等角三角形、前者係就邊以言其相等，後者係就角以言其相等，是兩個不同的概念。但三角形之等邊的、其角一定相等，反之，等角的、其邊一定相等。等邊與等角、有着相卽不離的關係。現在試爲探索：眞僞與善惡、是相卽不離的，還是有卽有離的。

關於真偽與善惡的離即、世間有二種不同的看法。其一主張相接不離，可稱為真善一致說，謂只要是真的，一定是善，只要是偽的，一定是惡，反之，只要是善的，一定是真，只要是惡的，一定是偽。其二主張有即有離，可稱為真善不定一致說。所謂不定一致、不是定不一致，只是有時一致，有時不一致。依此一說法，則眞者之中、有善有惡，僞者之中、亦有善有惡，善者之中、有眞有僞，僞者之中、亦有眞有僞。此二種說法、互相矛盾，不能並存，其一若能成立，其他必隨以毀滅。故若能舉示理由以證明其中一說之爲是，則另一說不能成立的理由、卽已寓於其中。著者所採用的、是眞善不定一致說，試簡述所以採用之故。

先述僞者之有惡有善。謊言、把事實上如此的說成如彼，把事實上如彼的說成如此，其爲僞而非眞、最爲明顯，故取爲實例以見其有惡有善。問路者問我以某一機關的所在，明明在東，我却告以在西，以愚弄其人，這是一種謊言。生意不振，瀕於破產，對親友詭稱營業甚佳，邀其入股，以欺騙之，這又是一種謊言。愚弄與欺騙、都足以損害他人的安寧。故謊言之爲惡、爲大家所公認，幾於沒有異議。宗教以妄語爲戒，法律以僞證爲罪，教師與稍有修養的父母亦莫不禁止其學生與子女的說謊，小學教科書中亦載有說謊貽害的故事，以警惕學生。謊言之爲害、確如大家所認定，但此一認定、只是居常衡量的結果，未兼顧處理對象的變異。若兼顧處理對象的變異而採用應變衡量的觀點，則謊言未嘗不足以爲善。醫師對於垂死的病人、詭稱病有轉機，靜養卽可全愈。如此的謊言、足以鬆弛病人的緊張情緒，不能不謂爲善。不識字的老母、有愛子或愛女客死他鄉，隨侍的子女隱匿不告，甚且僞造平安家信以免其掛念。如此的謊言與僞造、足以安慰慈懷，亦不能不謂爲善。淮南子人閒訓載有一則故事：「秦穆公使孟明擧兵襲鄭，過周以東。鄭之賈人弦高蹇他相與謀曰：『師行數千里，數絕諸侯之國，其勢必襲鄭。凡襲國者以爲無備也，今示以知其情，必不敢進。』乃矯鄭伯之命，以十二牛勞之。三率相與謀曰：『凡襲人者以爲弗知，今已知之矣，守備必固，進必無功。』乃還師而返」。弦高矯命贈牛，使敵人受欺而退，使祖國與同胞免遭蹂躪，自不能因其詐而抹煞其功。故僞者不盡惡，僞與惡不定一致。

次述眞者之有善有惡。上文以謊言爲實例，此處爲便於對照起見，取其相反的實話爲實例。實話、正如字面所示，把實在情形陳述於人，不稍隱匿，不稍歪曲。實話與謊言相反，故凡謊言而成惡的實例、其相反者、即足取以充實話而成善的實例，凡謊言而成善的實例、其相反者、即足取以充實話而成惡的實例。遇有問路者，告以所問機關的地點，使其順利到達。營業不振，而親友不知，欲入股共同經營，告以虧損的實在情形，阻其參加以免其同受損失。如此的實話、其爲美而非惡、亦爲大家所公認。故宗教家哲學家教育家莫不以誠實無欺爲訓誨，近時國外的道德重整運動亦以絕對的誠實爲守則之一。但誠實無欺之爲善、亦如謊言之爲惡、出於居常衡量的結果。若採用應變的衡量，則甚易發見誠實無欺亦多致惡的實例，其致善、並不是絕對的。醫師對於垂死的病人、告以危急的實況，徒足以速其死亡。老母有愛子愛女客死他鄉，隨侍的子女不設法隱瞞而告以噩耗，徒足以引起其悲痛而損害其健康。如此的誠實無欺、是大家所避而不敢爲的，故其爲惡而非善、亦是大家所公認的。論語子路篇載：「葉公語孔子曰：『吾黨有直躬者，其父攘羊，而子證之。』子曰：『吾黨之直者異於是，父為子隱，子為父隱，直在其中矣』」。「其父攘羊，而子證之」，眞可謂絕對的誠直無欺了，而孔子卻認爲不當。孔子之所以認爲不當、因爲孔子於適用對象以外，兼顧了處理對象，見其所指證的、是其父的攘羊，不是他人的攘羊，而竟不知分辨、以僅可施於他人者施於其父。故眞者非必善，眞與善不定一致。

綜觀上述各例，僞中有惡有善，眞中有善有惡，事實具在，不容否認。眞善不定一致說、有着這些事實爲之支持，其可成立、無復可疑。眞善不定一致說既可成立，則與之矛盾的眞善一致說，便可不攻而自破。「其父攘羊，而子證之」、所說是眞相，而孔子以爲惡，「父爲子隱，子爲父隱」、所說是僞話，而孔子以爲善。由此推之，孔子在根本上所採取的、一定亦是眞善不定一致說。

眞僞所論斷的、是事實的是否如此，故眞僞問題、可說是實然問題。善惡所論斷的、是言行的應否如此，故善惡問題、可說是應然問題。眞僞與善惡、是兩回事，故實然與應然、亦是兩回事。父母應當慈，子女應當孝，這是應然。各家的父母有慈有不慈，各家的子女有孝有不孝，這是實然。故實然與應然的不同、至爲明顯。正因此故，在討論實然問題時，只可用實然的眼光來討論，不可用應然的眼光來討論。討論應然問題時、只可用應然的眼光來討論，不可用實然的眼光來討論，更不可因其爲實然而承認其爲應然，亦不可因其爲應然而否認其爲實然。父母有不慈的，子女有不孝的，自不當因此而承認父母之可以不慈與子女之可以不孝。父母應當慈，子女應當孝，亦不得因此而否認世間之有不慈的父母與不孝的子女。實然與應然，劃分清楚，則論斷可以各得其當，一經混同，則論斷各無是處。此理本屬易明，但世間不免有些人臨事疏忽，把應然與實然混爲一談，掀起不必要的憂慮，且發爲不中肯的言論。現在試舉二例，以供參考。

中國人談到道德，都會想及人性善惡的問題，因爲人性善惡問題是中國思想史上的一個大問題，著名的思想家都曾談及。大多數人所推崇的、是孟子的性善說，所深惡的、是荀子的性惡說，實則孟荀兩家所說、都與孔子思想不相符合。依論語陽貨篇所載，孔子主張：「性相近也，習相遠也」，是一種人性可善可惡說。古代思想中最與孔子思想相合的、應推告子的人性無分於善不善說。人性善惡、是一個實然問題，不是一個應然問題，只可論其眞僞，至於其說之爲善爲惡、則須進一步考慮其如何適用後，始可以作論斷。就荀子的性惡說而論，其所云性、只是生來固具性能的一部分，不是其全部。其取證、專着眼於惡的事實，至於善的事實，則認爲禮義所養成，不是人性的自然流露，不足取以爲例。但亦有若干事實，如饑而思食，寒而欲衣，荀子亦認爲人性的自然要求，然不能謂之爲惡。因爲若併此而亦認爲惡，則人的生存亦且無以維持了。這些不惡的實例、亦未爲荀子所顧及。荀子的性惡說、把性的範圍限制得過狹，舉證又未齊全，故從實然的眼光看來，不能謂之爲眞。但我們不可因其所說之非眞，卽斷言所說之爲惡。以僞證惡，便犯了實然應然相混的過失。欲論荀子思想之爲善爲惡，應當看一看荀子進一步的主張。荀子若依據其性惡說進而主張順性縱性，以行惡爲應然，則其思想確屬危險，非予以痛擊不可。但事實上荀子並未主張順性縱性，却主張矯性化性，欲藉理智的力量以變化惡性，令其出於爲善的一途。故荀子的性惡說、可以謂爲不眞，荀子的全般思想、未可謂爲不善。若僅因其主張性惡而斥荀子思想爲洪水猛獸，不免以偏概全而失其爲至當。荀子只主張人性事實上是惡的，未主張人性應當是惡的，故以荀子性惡說爲惡，亦不免誤實然爲應然而失其爲至當。

試再取外來學說的一種爲例，以見實然與應然之應當分別清楚。近世西方學者發見生物界之有生存競爭與弱肉強食的現象，因而主張人生亦是一種競存。此說傳入中國，有許多人引以爲憂，深怕煽旺競存的烈火，而使道德益趨於淪落，或提出互助說以爲抵制，或竟武斷競存說以爲不實。弱肉強食、其爲罪惡、無可爭議，其爲事實、則亦無法否認，人類對於動植物、眞正做到了食其肉而寢其皮的境地。但因其爲對付動植物的措施，不屬於道德的範圍，可以置而不論。專就人與人相處的情形而言，強凌弱與衆暴寡的事實、亦數見不鮮。惡霸橫行鄉里，欺壓良民，暴君喜怒無常，濫殺無辜，雖未眞正食肉寢皮，其殘酷實與食肉寢皮相去無幾。故在人類社會間、弱肉強食、雖非普徧現象，却不能不承認其爲一部分的現象，雖在另一方面有互助互愛的現象，却不能將其抵銷，更不能隨便抹煞。故若混同實然與應然，以爲實然者卽是應然，則弱肉強食這一說法、確將流毒無窮。若能劃分實然與應然，認定實然者不卽是應然，則儘可一方面承認弱肉強食爲實然，他方面力斥其爲非應然，且有權絕滅其萌芽而不任其滋長。人人認淸實然與應然的分別，則競存說雖眞，亦不患其有害於道德的勵行了。

世間有一派思想，可稱爲法天主義的，把自然現象視爲做人的模範，謂人類言行都當取法於天。實然之中、有應然的，有非應然的。故自然現象並非全部都可爲人類所取法，雖有足以取法的，亦有不足以取法的。風和日煖，令人心身俱暢，固足取以爲法，至若地震海嘯，毀人財產，奪人生命，其不足取法、盡人皆知。法天主義以實然爲應然，其思想基礎顯非正確。但其主張內容、所力主取法的、只是些足以爲法的自然現象，如「天行健，君子以自強不息」之類，至如水災旱災等有害人類的自然現象、其應否取法、或雖說及而不納入學說的重心，或則避而不談。故法天主義、自其實質言之，大抵只是有限度的法天主義，不是無限度的法天主義，只教人取法於可法的自然現象，未嘗教人：任何自然現象都應取以爲法。故平心而論，謂法天主義爲一無是處，自屬有欠公允，信奉法天主義而毫無保留，亦足自誤而誤人。我們講求道德，只須問所言所行之是否有助於安寧的實現，不須問其是否取法於自然的現象。

第五章　修養的要義與人格的等級

修養、是引人上進救人墮落的功夫。修字、通常用治字來解釋，養字、通常用育字來解釋。故所謂修者、就是把原來不美滿的整治一下，使其變成美滿。例如一盆花，剪除其枯枝爛葉，只留下艷麗的花朵與枝葉，這就是修。所謂養者、就是把尙未成長的加上一番養育，使其成長起來。亦如一盆花、時常澆些水，施些肥，使其欣欣向榮，這就是養。故所謂修養者、粗淺地講來，就是改進或改善的意思。人的品格、都有缺陷，所以都有修養的必要。聖人與賢人、其品格固無可疵議，但聖賢並不是天生成的，都是勤於修養，日積月累，始成其爲聖賢。試讀論語爲政篇的「吾十有五而志于學」章，可以領悟孔子之所以成爲聖人、完全出於修養的精勤不怠。

聖賢亦由修養而來，故欲免爲惡人，必須勤加修養。人之有修養的必要、不受人性善惡問題的影響。採取荀子的性惡說，固須努力修養以阻遏惡性的發揚，故荀子主張矯性化性。採取孟子的性善說，亦須努力修養以防止善性的喪失，故孟子主張存心養性。採取孔子的「性相近也，習相遠也」或告子的「人性之無分於善不善也」說，因其可善可惡，亦須努力修養以引其趨向於善而阻其趨向於惡。所以不論人性是善是惡或是可善可惡，其需要修養，初無二致，至多不過修養二字的涵義、解釋得不盡相同而已。依照性惡說，則修養的主要涵義爲矯治人性，依照性善說，則修養的主要涵義爲保存人性，依照可善可惡說，則修養的主要涵義爲引導人性。

衡量、存於心內而未表現於外，對於人生的安寧、不發生直接影響，所以嚴格言之，只是道德的前驅，未足謂爲道德的本身。必待見諸言行，對於人生的安寧有所貢獻，方足以當道德之稱。縱使擴展道德這個名稱的範圍，令其兼攝前驅的衡量，然道德的重心總不能不放在實踐上。實踐是一種動態，不是一種靜態。動態的形成，一方面須有推動的力量，他方面又須有指示動向的力量。沒有推動力量爲之推動，則只會靜止而不會動。沒有指示動向的力量爲之指示，則只會橫衝直撞，不知趨赴所應趨赴的目標。所以這兩種力量，必須兼備，不可缺一。言行的推動力量來自情緒，指示力量來自理智。所以具體的言行、可說成自情緒與理智的結合。情緒與理智、雖爲人人生來所固具，但未必純淨無疵而用不到琢磨。二者的結合、雖有時水乳交融，但非必時時和協而無待於調整。琢磨與調整、同屬修養的作用。所以修養所重、重在情緒與理智的琢磨，尤重在二者結合的調整。

先述情緒的修養。情緒之爲言行的推動力、於日常的細事中、卽可見之。例如走過美麗的花叢，人們都會駐足欣賞。此一駐足欣賞的行動，是愛美的情緒所驅使的，假若根本上不懷有愛美的情緒，決不會發生駐足欣賞的行動。又如經過田間的糞坑，人們都會掩鼻疾走。此一掩鼻疾走的行動、是惡臭的情緒所引起的，假若根本上不懷有惡臭的情緒，亦決不會發生掩鼻疾走的行動。細事如此，大事亦然。不具有深厚的同情心，不會入水以救溺者，不具有熾盛的愛國心，不會毀家以紓國難。情緒不但能使言行見諸事實，且能使言行增加其堅強，維持其久長。言行的堅強脆弱、與情緒的熱烈冷淡具有密切的關係。情緒越熱烈，其所引發的言行、越堅強而百折不撓，情緒越冷淡，其所引發的言行、越脆弱而易趨衰竭。例如你的讀書興趣非常濃厚，你便會把全部的心力貫注到閱讀上去，別的刺激牽引不動你的注意，傍人的喧擾妨礙不了你的用功，你甚至於會把吃飯睡覺都忘記了。倘然你的讀書興趣不濃厚，即使打開書本，勉強閱讀，可能心不在焉而讀不下去，可能為別的刺激所牽引而竟把書本拋棄了。情緒初時熱烈，繼即衰退，言行一定會跟着由堅強而漸趨鬆懈。你學習一件事情，例如打網球，初時興趣極濃，只要一有可以利用的時間，便去練習，則進步一定很快。若在學習中途、興趣漸漸衰退，便會懶得常去練習，終且連球拍都送給別人，不再到球場上去了。一切事情都有如此的情形，所以要想言行收穫效果，要想事業底於成功，熱烈的情緒是必不可缺的。而且情緒越熱烈，收效必隨以越豐富，成功必隨以越迅速。學習打球，興趣越濃厚，一定練習得越勤，進步得越快。用一腔熱情來接待朋友，一定能使朋友格外感到愉快，深厚的友誼很快就可以建立起來。所以情緒熱烈、是成功的主要因素，情緒冷淡，很易招致失敗。孔子說：「知之者不如好之者，好之者不如樂之者」（論語雍也），正闡發了情緒熱烈的重要性。「知之者不如好之者」、意即知而不好、不如知而又好，指出了情緒之爲言行的推動力。「好之」與「樂之」、同爲愛好的情緒，但有程度上的差異。「好之」的熱烈程度較低，「樂之」則已到達了熱烈的最高峯。「好之者不如樂之者」、指出了情緒之必須熱烈。所以情緒之足貴、貴在熱烈而富於推動力。我們所欲養成的、是肯作敢爲、朝氣蓬勃的人，不是形如槁木、心如死灰、暮氣沉沉的人。所以在情緒方面所欲養成的、正是情緒的熱烈，必須時時添進燃料，不但不任其冷却，且須提高其熱度。情緒愈熱烈愈好，因爲情緒愈熱烈，道德的實踐愈能堅強而歷久不衰。

次述理智的修養。道德的實踐、必須有所動作，若無動作，不成其爲實踐。有了情緒，動作固可藉以實現了，但道德實踐所求於動作的、不是盲目的動，不是可以東西亂闖的動，而是懸有高尚目標的動，是定有正確方向的動。情緒所能爲力的、只是推動，至於應當推向何方、不是情緒所能決定得很妥當的。故若一任情緒的推動，可能推向不應趨赴的方向。指示正確的方向、有賴於理智。理智的最大功用、在於辨別是非。此一辨別是非的能力、是人人生來所固具，正如孟子告子上篇所說：「是非之心、人皆有之」，聽到別人的談話，我們都能分辨，某些話是對的而可以贊同，某些話是不對的而不可以贊同，某些話是可疑的而不置可否。但能够辨別是非、是一件事，辨別得妥對不妥當、又是一件事，這兩件事是不可混爲一談的。人人都能辨別是非，但不見得人人都能辨別得妥當。荀子富國篇云：「生也皆有可也，知愚同，所可異也，知愚分」，修身篇云：「是是非非謂之知，非是是非謂之愚」，正提示了此一事實。辨別能力、雖是智者與愚者所同具，辨別妥當與否、則智者與愚者大異其趣。所認以爲是的、是眞正的是，所認以爲非的、是眞正的非，辨別妥當，纔是智者。把是的誤認爲非，把非的誤認爲是，辨別不妥當，則成愚者。是非的辨別有了錯誤，不但沒有益處，反而大有害處。就小的事情來說，要到住在東邊的朋友家去，認錯了方向，往西面走，便越走越遠了。再就大的事情說，國家民族的利益、重於個人的利益，若把輕重顚倒了，便會做出許多只顧私利而有害公益的事情。所以辨別是非、固屬重要，辨別得沒有錯誤、更屬重要。是非辨別得妥當，纔能把言行導向正路上去，辨別不妥當，必且把言行導向邪途上去。所以理智而欲善盡其指示方向的任務，必須把是非辨別得非常妥當。辨別妥當的主要條件、是理智的清明。古人常以鏡子來譬喻理智。鏡子必須明亮，方能把人像顯映得清楚而眞切，倘然昏暗不明，所顯映的便不免模糊不清而有失眞相。理智亦然，在清明的情況下、觀察纔能周到，認識所得、纔能清晰，是非的判別、纔能妥當而無錯誤，纔足以擔當指示方向的任務。鏡子一受灰塵的堆積，便會昏暗不明。精神上亦多灰塵，理智極易受其蒙蔽。其時或誤是以爲非，誤非以爲是，殆因此故。故欲保持理智的清明，亦如保護鏡子那樣、必須努力掃除灰塵。理智之足貴、不僅貴在能够辨別，尤貴在清明而能洞見眞是眞非。我們所欲養成的、是見理透徹而是非分明的人，不是胡思妄斷而是非淆亂的人。所以我們在理智方面所欲修養的、正是理智的清明，必須時時勤加拂拭，不但不任其昏暗，且須增進其明度。理智愈清明愈好，因爲理智愈清明，方向的指示愈能精當而導人進入於善。

再次述情緒與理智結合方面的修養。把情緒修養得很熱烈，把理智修養得很清明，分就情緒與理智而言，誠可謂修養得很到家了。但若熱烈的情緒與清明的理智不相結合，或結合得不够理想，就道德實踐的整體而言，尙未能謂爲已收修養的實效。單有清明的理智而不配以熱烈的情緒，不能有益於道德的實踐。例如你知道靑少年時期應當吃苦耐勞，以鍛冶你的體魄，磨練你的毅力，好養成你將來擔當大事的能耐。你有此一認識，確已表示了你理智的清明。但你倘在情緒上只想享受閒逸，不喜歡勞苦，縱有吃苦耐勞的機會擺在眼前，亦只想設法逃避，不會去迎接，更不會在沒有機會的時候自己去尋覓機會。空想想，空說說，對於毅力的養成、不能有什麼補助。所以僅有清明的理智而不配以熱烈的情緒，自道德實踐的立場看來，雖勝於是非不分，但不能有甚大的貢獻。單有熱烈的情緒而不配以清明的理智，對於道德的實踐、時或不但無益，甚且有害。例如你有一腔熱烈的情緒，同時又認清讀書的重要，將其傾注到讀書上去，你的功課一定學習得很好，你的知識一定進步得很快。假若你認識不清，錯把滿腔熱烈的情緒傾注到遊蕩上去，則你只會在遊蕩隊中成爲高手，功課便因此荒廢，學業亦因此不能有所成就了。故熱烈的情緒而不配以清明的理智，其熱度愈高，其爲害愈大。所以熱烈的情緒與淸明的理智如何結合，是修養上最重大的課題。

情緒與理智、在事實上、有結合得很够理想的，有結合得不够理想的。知道運動有益於身體而又愛好運動，於是時時從事運動，身體因而日益康健。這是情緒與理智結合得很够理想的。明知運動有益而不感興趣，或根本上不願一試，或雖勉強試行而不能持久。明知賭博有害於正業而酷嗜賭博，雖立志戒除，終不能與之絕緣。這些都是情緒與理智結合得不够理想的。事實上的結合既不盡如理想，故有致力修養以謀調整的必要。修養之道、在於各取其所長，各捨其所短，並使之密切結合，不相齟齬。情緒所長、在於能够推動，至於趨向、雖亦爲情緒所有，但其所欲趨赴的、不一定是應當趨赴的，故指示方向、非其所長。理智的所長、在於指示方向，其所指示、雖不免時或有誤，但在其淸明的情況下所指示的、一定相當正確，至於推動、則非理智所能爲力。故修養所重、重在使熱烈的情緒與淸明的理智兩相融洽，結爲一體，要使情緒統統理智化，理智統統情緒化。遇到情緒上所欲做的事情，必先在理智上仔細考慮一番，以決定其可做與不可做。一經理智決定，情緒便接受其指導，可做的則做，不可做的便不做，不任其流爲魯莽的行動。如此，情緒自會逐漸理智化。遇到了理智上所認爲應做的事情，便鼓舞其情緒，令其熱烈贊助，堅持到底，在事情未成之前、決不罷休，不任其流爲無所成就的空想。如此，理智自會逐漸情緒化。情緒能統統理智化，理智能統統情緒化，熱烈的情緒與淸明的理智融合無間，則所作所爲、旣熱烈而有力，亦淸明而合理，所作的事、何患不成，所收的果、何患不善！有如一輛機件堅固馬力充沛的汽車、由一位反應靈敏精力旺盛的駕駛員來駕駛，雖在崎嶇的道路上、在熱鬧的市街上、亦一定能履險如夷，行駛得非常安全。

熱烈情緒與淸明理智的密切結合、姑稱爲情智交融。情智交融要交融到水乳交融的程度。一滴乳水、在肉眼看來，旣是乳，亦是水，分不出那一部分是乳那一部分是水。情智交融亦要交融到此一地步，分不出孰是情緒孰是理智。情緒所欲做的、無一不是理智所許的，理智所認爲應做的、無一不是情緒所欲推動的。所言所行、謂之出於情緒的決定，固可，謂之出於理智的決定，亦可。情緒卽是理智，理智卽是情緒，更無情緒與理智的分別可言。交融到如此地步，可謂到達了情智交融的極致，亦可謂到達了修養的頂點。

從前的學者中、有人主張「懲忿窒慾」，其意以爲忿與慾是一切罪惡所自出，爲了拔本塞源，應當消滅忿與慾。此一主張、在思想上不免過於偏激，在事實上則無法做到。忿與慾、誠然足以引發惡行，但亦足以引發善行，不是唯惡不善的。懲忿窒慾的主張、只見其一而不見其他，不免爲一偏之論。在事實上、饑餓而不思求食，攻擊而不思防衛，則人的生存亦且無以維持。人人都有維持生存的強烈要求，所以忿與慾是無法消滅的。我們所欲養成的、不是無忿無慾的人，而是欲所當欲、不欲所不當欲、忿所當忿、不忿所不當忿的人。如何方能做到欲所當欲與忿所當忿，要靠理智來指示。故忿與慾、亦如其他情緒、只應謀所以理智化以端正其趨向，不應謀所以消滅以危及人的生存。

上來既述修養的要義，此下當述人格的等級。人格一名、正如其字面所示，意即人之所以爲人所應具的資格。此名用途甚廣，因而其意義的着重點、不免參差不一。法律上所說的人格、心理上所說的人格、各有其特殊的意義，與此處所說的人格、雖有關聯，却不完全相同。此處所說的人格、是道德上的人格，指修養的有無或修養所到達的程度而言。沒有修養或修養滯留於低階段的、則謂其爲人格低下，修養到達高階段的、則謂其爲人格高尙。故人格有高下之分。修養的焦點、集中於用理智以指引情緒，防範其盲目的奔放，日常用語中「檢束」一詞似可用以簡括此一作用。論語顏淵篇載：顏淵問仁，孔子告以「克己」，馬融注云：「克己、約身也」，檢束亦差足以當「克己」之義。荀子正名篇云：「情然而心爲之擇，謂之慮」。荀子此言、一方面固在說明慮字的意義，他方面實亦提示了理智之能對於情緒所欲奔赴的方向加以選擇。有所選擇、即是有所准，亦有所駁，檢束一詞的意義正與相通。故擬取檢束的有無以爲人格高下的標準。依此標準，人格可分爲三等：最下者爲無檢束型，次高者爲有檢束型，最高者爲無庸檢束型。第一類又可分爲顯露的與遮掩的二種，第二類又可分爲外鑠的與內發的二種。故人格共可分爲三等五級，茲自下而上，逐級述其梗概。

㈠顯露的無檢束型　此型爲人格的最低級。所謂無檢束、卽言一任情緒的奔放，欲東便東，欲西便西，絲毫無所羈勒，亦卽純出於荀子所說的「情然」而未有思慮爲之選擇，且所欲奔赴的、又未必是應當奔赴的方向。所謂顯露，卽言所言所行、不但無所拘束，且亦無所忌憚，敢於公開進行，絕不避人耳目。屬於此一類型人格的人、一經他人觸怒，開口想罵便罵，動手想打便打，不顧對方的反應如何，不顧後果的利害如何，更不想一想發怒與打罵之是否屬於應有的舉動。此一類型人格的形成、成於其人理智之無力拘束其情緒。理智之無力拘束、或因理智方在萌芽之始，尙未發展到力能拘束情緒的程度，或因情緒放縱已慣，力能壓倒理智，令其不能有所作爲。幼稚的兒童最足爲此一類型人格的代表。幼兒在大庭廣衆之中、欲哭便哭，欲笑便笑，一切聽其自然，不知禮貌之爲何物。見了可愛的東西，不問誰屬，便取來玩弄。見了可以放入口內的東西，不問其清潔與否，便取來納入口中。通常所說的衝動、最足以表示幼兒言行的特徵。不但幼兒如此，成人之中亦不乏屬於此一類型的。例如罵街的潑婦、不聽親友的勸告，不怕路人的訕笑，大聲狂叫，穢語百出。其態度的醜惡、其言詞的狠毒、爲他人所不忍覩不忍聞，而自己不以爲恥。又如橫行鄉里的惡霸、爲所欲爲，不稍收斂，不懼物議，不畏人言。公然勒索財物，方以爲應享的權利，公然白吃白喝，方引以自傲其儕輩。

㈡遮掩的無檢束型　此一類型與前一類型相比，有其同處，亦有其異處。無所檢束而敢於爲惡，與前一類型相同，有所忌憚而不敢顯露，與前一類型相異。屬於此一類型的人、雖敢於作惡，但其作惡、必避人耳目，不讓人知道。因其作惡必避人耳目，故稱之爲遮掩的無檢束。此一類型的人格、雖有所忌憚，但其所忌憚的、不是道義，而是勢力，亦卽其所以遮掩、非有懼於道義的譴責，只因看透了所遭遇的勢力強過自己，深怕反吃眼前虧。例如開口欲罵時，看見對方氣勢洶洶，自料非其對手，乃暫時隱忍，待其遠去，始開口大罵。又如動手欲打時、看見對方體格強壯，自料難於取勝，遂不立卽發動，待至黑夜，乘其看不見時，從背後予以突擊。在此一類型中、理智已相當成熟，或因清明不足，或因能力有限，僅能調整言行發動的時機，未能改變情緒奔赴的方向。在其理智能夠稍稍影響情緒的一點上、比諸前一類型，可謂略勝一籌。在其無補於抑止惡言惡行的一點上、可謂與前一類型正是一邱之貉。竊人財物的小偷、躲躲藏藏，偷偷摸摸，一聽到人聲，便拔脚而逃，其人格正屬此一類型。侵佔公款的人員、乘長官的監督不嚴與同事的注意不周，私自挪用，以供揮霍，其人格亦屬此一類型。

(三)外鑠的有檢束型　此一類型、其理智已發展至相當有力的程度，能夠抑止情緒，不任其奔赴不可奔赴的方向，能夠指揮情緒，令其奔赴可以奔赴的方向，不但不敢公然爲惡，且亦不敢在無人見聞的情況下作惡。至其所以有所檢束、不敢作惡而勉於爲善，則莫不出自外力的壓迫與鼓勵，故稱之爲外鑠的有檢束型。一個保管公款的人員、遇到可以侵佔的機會，怦然心動，很想一試侵佔的伎倆，一享份外的收穫。繼而想到，此時雖無人知道，難保他日不爲人所發覺而受到法律的懲處，於是意興索然，不敢實行侵佔。此可爲怵於法律的威脅而不敢作惡的一例。一個公務機關的職員、見有可以貪懶的機會，本想放下工作，閒坐一番。遇有交辦的公文，本想少費心力，敷衍了事。但一經想到，工作勤奮、是晉級加薪的主要條件，辦事認眞、是升遷的主要因素，於是振作精神，不敢怠惰，不敢草率，盡力把本職內應辦的事情辦得妥當。此可爲激於考績的鼓勵而勉於爲善的一例。具有此種人格的人、爲數極多，所以任何國家都設有奬懲的制度。此一類型與遮掩的無檢束型相比，對於外在勢力的有所忌憚、是其同處，前者因忌憚而絕念於爲惡，後者雖忌憚而猶依戀於爲惡、是其異處，亦是其高下的分別處。

㈣內發的有檢束型　此一類型、其有所檢束而不做不應當做的事情、與前一類型相同，其檢束出自內在的壓力而非來自外在的壓力、則與前一類型相異。爲了明示其與前一類型的不同，稱之爲內發的有檢束型。此一類型的理智、不但已發展至相當有力的程度而能抑止情緒與指揮情緒，且已發展至相當清明的程度，其所指示、雖未能謂爲絕無錯誤，大抵堪稱精當。茲就前一類型中所舉不侵佔與盡職責二事、一述此一類型的如何應付，以見此一類型的高於前一類型。保管公款，假若遇有侵佔的絕好機會，不但此時不會有人知道，即在他日，亦不會有被人發覺的可能，如果實行侵佔，可以絕對保險，決無差池。當此之時，心中未嘗毫無所動，但一經念及臨財之不可以苟得，便悚然驚覺，人格重於金錢，決不可爲了金錢而傷害自己的人格。一念之轉，自尊心制住了貪得心，使其不得擡頭。所以前一類型的不侵佔、是有所畏懼而不敢，此一類型的不侵佔、是有所尊重而不願。服務於公私機關，未嘗全無貪懶與敷衍的心理，但食人之祿，必須忠人之事，爲此責任心所驅使，便不貪懶，不敷衍。縱無簽到的制度，亦不遲到，縱無傍人的監視，亦不早退。在辦公時間內、把全部精神傾注於所負的任務，心不傍馳，力不他用。但求把經辦的事情辦得迅速而切實，絕不因獎懲的有無而異其勤奮與怠惰。處理任何事件，都不掉以輕心，遇到疑難的事件，則更焦思苦慮，以期無所失誤。但求每一事件都處理得正確而有效，絕不因能否見知於上司而異其審愼與輕率。前一類型的盡職、不免別有貪圖，此一類型的盡職、純粹爲了完成其任務。修養到了此一地步，雖未可謂爲登峯造極，實已相去不遠，稱爲君子，儘可當之無愧。

㈤無庸檢束型　此爲人格的最高級。檢束、原是用理智以抑止情緒與指揮情緒的意思。情緒修養到徹底理智化，已與理智合而爲一，自然而然地不會趨向不應趨赴的方向，用不到再由理智來抑止，自然而然地只會趨向應當趨赴的方向，用不到再由理智來指揮。其爲善而不爲惡、純出自然，絲毫沒有檢束的必要。保管公款，只謀所以善盡其保管之責，不管有無侵佔的機會，根本上不會興起貪得的念頭。且因根本上不懷有貪得的念頭，連侵佔機會的有無、亦未嘗注意及之。服務公私機關，只想竭智盡能以完成任務，貪懶與敷衍的念頭、根本不存於心中。縱或有人慫恿其貪懶，有人勸誘其敷衍，亦不能動搖其勤奮與認眞的初志。修養而能達於如此的境地，可謂已修到了最高的頂峯，已修成了聖賢的人格，孔子所說的「……從心所欲，不踰矩」（論語爲政）與中庸所說的「喜怒哀樂……發而皆中節」、正可爲此一景況的寫照。「從心所欲，不踰矩」與「喜怒哀樂……發而皆中節」、其描述雖異，其境界實同，謂每一情緒都飽涵着理智，不論如何發動，或喜或怒，或哀或樂，莫不切合規矩，絕無踰越之虞。故儒家所欲養成的人格、不是不喜不怒不哀不樂，而是喜怒哀樂各得其當。「從心所欲」的從字、通常解作隨字，亦有人解作縱字，後一解釋、似更強而有力，足以顯示無庸檢束的實情。此一類型與最低級的無檢束型、自表面看來，不無相同之處，同屬純任自然，沒有檢束的痕跡。但前者是經歷了無窮數的檢束以後所到達的無可檢束，後者則爲亟待檢束而無力檢束的不檢束，其骨子裏實有天淵之別。

上文說了人格的可分爲三等五級，那只是抽象的說法，若具體地就個人而論，即使是較已定型的成人，亦會因時因事而出入於鄰近等級之間，或大澈大悟而由低級躍入高級，不會始終固着於某一類型。例如小偷、當其背人竊取財物時、可說屬於遮掩的無檢束型，及見事主柔弱可欺，一變而爲公然搶刼，則步入了顯露的無檢束型，在警方嚴密巡邏的期間、暫時洗手不幹，則又步入了外鑠的有檢束型。又如大家所熟知的三害之一的周處、一經他人點醒，便由惡霸一變而爲善士，越登了好幾級。至於幼兒的人格，在其當時，雖屬最低級，但其類型尙未固定，他日的發展如何、依其修養而定，可能滯留不進，亦可能登上最高峯。強盜土匪、莫不出身幼兒，大聖大賢、亦無一不自幼兒勤修而來。已登高峯的人、亦會有時墮入較低級的類型。賢如顏淵，孔子只稱道其「三月不違仁」（論語雍也），未稱道其永不違仁，可見修養有素的人格、亦不無上落的情形。所以欲保持勤修所得的人格，仍須隨時修養，不可怠忽。

第六章　道德的民主性與科學性

道德的究竟任務、在於實現人生的安寧。道德而欲完成此一任務，其所實行的、必須是開明的道德，既不閉塞，亦不昏暗。道德而不够開明，則力行結果所能獲得的、至多只是寡安小安暫安虛安而已，或竟一無所得而反招來不安。舊日流傳下來的諸種道德、有開明的，亦有不開明的，我們不當因其爲傳統的而一概認以爲是，亦不當因其爲陳舊的而一概認以爲非。應當分別處理，其開明的、謀所以保存與光大，其不開明的、謀所以革除與更新。四五十年前、懷有革新思想的人士發出禮教吃人的呼聲，謂社會上流行的禮俗盡是些吃人的惡魔，應當大刀濶斧加以剷除，其所據以爲攻擊資料的、即是不開明的道德現象，如寡婦之不得再嫁。懷有保守思想的人士聞而大懼，謂其破壞綱紀，斲喪倫常，斥之爲洪水猛獸，而以維護禮教自任。平心而論，這兩派思想、各有是非，都只見了應保存或應廢棄的這一方面，而忽視了不應保存或不應廢棄的另一方面，考慮不周，含混立說，遂不免各成一偏之見而失其爲至當之論。談到禮教的存廢，實應就其本質與方式、分別論斷，不可併爲一談。禮教的本質、志在實現人生的安寧，假若沒有禮教，安寧必將無由實現。故就本質而言，禮教只應維護，不容廢棄。禮教的方式、在其建立之初、當亦爲當時所認爲開明，但在經過時代的變遷以後，難免有一部分方式的開明性漸形減低，或竟歸消失。

故就方式而言，禮教應可改革，不容墨守。故保存說、用之於禮教的本質，是對的，用之於禮教的方式，則非必對。廢棄說、用之於禮教的方式，有對有不對，用之於禮教的本質，則全無是處。道德的尊嚴、不容懷疑，不容輕視。但道德而欲保持其尊嚴，必須盡其開明。若開明不足，則人將訾議其後，其尊嚴性必將因而動搖。故道德的開明化、又是講求道德所應努力的一大課題。

道德的開明與否、決於其民主化與科學化的程度，亦即決於其所含民主性與科學性的多寡。道德而富於民主性與科學性，方足稱爲開明，否則便有開明不足之嫌。倫理、民主、科學、正如　總統蔣公「中山樓中華文化堂落成紀念文」所昭示，是中國文化的三塊基石，三大成分，既爲已往文化所自出的本源，亦爲未來文化所應趨的方向。任何一民族的文化、總是一個具有綜合性的整體，不會是零零碎碎而互不相關的許多個體。所以中國文化雖系出三源，不可解釋爲三源分流所構成的三條小河，只可解釋爲三源合流所滙成的一條大江，亦卽只可解釋爲倫理民主科學三者所融會而成的一個整體文化，不可解釋爲倫理文化、民主文化、科學文化三個分立的文化。所以倫理民主科學三者相互間的關係、用鼎的三足來形容，尙嫌不足，必須借用宗敎家所說的三位一體來形容，方足以闡明其關係的密切。

把文化三成分的關係視同鼎足的關係，雖已足導人認淸三者的同屬不可或缺及其需要均等發展，但猶未足以導人認清三者互相滲透的實在情形。鼎的三足必須俱備，不可缺一，苟缺其一，鼎身便無由屹立。三足的長短又須相等，若其一足長而二足短，或其二足長而一足短，鼎身難免有傾覆之虞。三足的質料且須同等結實，若有一足，其質料較差，易於折斷，鼎身依然難保其穩定。故能以鼎足形容文化三大成分相互間的關係，已能闡明三者的同等重要，已能令人消除此重彼輕的偏見。講求道德者認清了文化三成分之等於鼎的三足，不會獨尊道德而蔑視民主與科學以爲無足重輕。講求民主政治與從事科學工作者、認清了文化三成分之等於鼎的三足，自會認識民主與科學之只爲福國利民良藥中不可或缺的一味，不會誤認其爲良藥的全部。故能把文化三成分相互間的關係體認到鼎足關係的程度，不可不謂爲相當正確。但雖相當正確，尚嫌不足，猶有百尺竿頭更進一步的必要。因爲把文化三成分視同鼎的三足，只觸及了形勢上的關係，亦即只觸及了外在的關係，猶未觸及實質上的關係，亦即猶未觸及內在的關係。僅僅觸及外在的關係，雖能消除此重彼輕的偏見，未能熄滅此疆彼界的成見。此疆彼界的成見不熄滅，此重彼輕的偏見甚易復燃。必待觸及內在關係，根絕此疆彼界的成見，道德民主科學纔能均等發展，文化纔有大成的前途。

把文化三成分視同鼎足，則三成分雖同負促進文化的任務，却可分道揚鑣，各謀盡責，不必互相關照。於是講求道德者只以道德的不進展爲憂，不關心其進展方向對於民主與科學之影響如何，講求民主與從事科學者亦然，只謀自家範圍內事業的進展，不關心其進展後果對於爾他範圍內事業之可能發生何等影響。似此各自爲政，不相關照，必至釀成「爾爲爾，我爲我」的心理，無以萌生痛癢相關的同情。兩個成分之間、不幸而發生牴觸，很易爲主觀的自尊心所蒙蔽，自是其是而以對方爲非，不能平心靜氣、用客觀的態度以檢討是非，只願對方之改絃從我，不願自己之易轍從人。存了此疆彼界的成見，甚易掀起此重彼輕的偏見，互爭短長，不甘退讓，結果所屆，雙方都難免各受損傷。

誠欲根絕此疆彼界的成見，唯有更進一步，把文化三成分的關係視同三位一體的關係。此云三位一體、意卽道德民主科學三者各爲成分，化合爲一體，始成文化，並非三者各自孤立，形成三種不相關涉的文化而相與並立。通常所云道德、其中亦應含有民主與科學的成分，所云民主、其中亦應含有道德與科學的成分，所云科學、其中亦應含有道德與民主的成分。三者雖可異其名稱，不當異其實質。道德用以待人治事，若不帶有民主性與科學性，如何能當道德之稱！民主與科學、除了講求平等與眞實以外，忽視了其他成分，亦必喪失其所以足貴的理由。實質旣同而所以猶有三個不同的名稱，只因有時着重其爲待人治事應由的途徑，遂特別稱之爲道德，但非謂待人治事可以不民主不科學；有時着重其爲共同意志的尊崇，遂特別稱之爲民主，但非謂尊崇共同意志可以不顧道德與科學；有時着重其爲眞相的探求，遂特別稱之爲科學，但非謂探求眞相無妨違害道德與民主。講求道德，必須時時念及民主與科學，力求與之適應，講求民主與從事科學，亦必須時時念及其他兩個成分，力求與之協調。三者雖各有其特殊的名稱，其實質則互相一致，不過各成分所佔的分量稍有不同而已。三者互相影響，進則同進，退則同退，不會其一進而其他不進，亦不會其一退而其他不退。在不民主無科學的社會內、道德無由進入至善的境地，在道德衰落的社會內、民主與科學亦不能發揮其理想的功能。必體認到三者的進退與俱、痛癢相關，此疆彼界的成見纔無由存在，此重彼輕的偏見亦隨以無從發生。故講求道德、必須致力於發揚民主的道德與科學的道德，摒除其不民主不科學的成分，講求民主與從事科學、亦須作與之相應的努力。

道德必須具有民主性與科學性，而後始能達於開明，始能實現人生的安寧。試分述其故。

先述道德之必須具有民主性。民主與專制相反。專制以一人或數人的意志爲意志，而強衆人以必從，以一人或一階級的利益爲利益，而奴役衆人。民主則以衆人的共同意志爲意志，不專逞一己的私見，以衆人的共同利益爲利益，不專謀一己的私利。在政治方面、專制政體已日趨沒落，除了共產國家以外，已沒有專制政權。在道德方面、亦有同樣的趨勢，專制性日漸衰退，不過尚未完全消失而已。道德爲什麼需要民主化？因爲民主了，纔能和諧，和諧了，纔能安寧。假使大家吵吵鬧鬧，互相怨恨，有什麼安寧可言！專制憑藉威力，雖亦能鎭壓紛擾於一時，但正如孟子所說，「以力服人者，非心服也，力不贍也。

以德服人者，中心悅而誠服也」（公孫丑上），懾於威力而不敢紛擾，其所能獲致的，不過虛安，危機潛伏，隨時有爆發的可能。民主以共同意志爲基礎，縱或不能使每一個人都感到滿足，必能獲得大多數人的贊同，達到孟子所說「中心悅而誠服」的境地。大多數人悅服了，紛擾自不會發生，自能和睦相處而進入實安。孔子主張「安百姓」，孟子主張仁政，雖未說及民主的制度，都已發揮了民主的精神。民主以平等與自由爲其主要因素，故道德的民主化、分析言之，卽是道德的平等化與自由化。

平等可有諸種意義不同的平等。此云平等、專指「法律之前，人人平等」的平等而言。凡把人視作人，以人人爲有同等尊嚴與同等權利，則爲平等，把人分成高貴的與低賤的，不承認其爲有同等尊嚴與同等權利，則爲不平等。故平等的重點、在於人人互相尊重與互不奴役，既重視自己的尊嚴，亦不忽視他人的尊嚴，既不奴役他人，亦不供他人奴役。然而人的性情、頗爲特殊。人人都懷有自尊的心理，却不念及他人之亦有此心，人人都不願供他人奴役，却時時打算奴役他人。一旦有權有勢，便唯我獨尊，以奴役他人爲其應享的權利，於是社會上發生了許多不平等的現象。遭受不平等待遇的人、心懷不平，已足損害安寧，不平則鳴，到了無可忍受的時候，更會引起動亂，使社會陷於大不安。所以道德的平等化、是實現安寧的一大要件。古代聖賢有見於此，其提倡道德、雖未用有平等字眼，實富有平等精神。論語顏淵篇載：孔子告齊景公云：「君君，臣臣，父父，子子」，謂爲君者要盡爲君的責任，爲臣者要盡爲臣的責任，爲父者要盡爲父的責任，爲子者要盡爲子的責任。君與臣、父與子、各爲相對關係的一方，其一方尊，一方卑。孔子不但主張「臣臣……子子」，兼亦主張「君君……父父」，不偏責卑方以應盡的責任，兼亦責尊方以應盡的責任。尊卑兼責，可見其所提倡的道德是建築在平等之上的。可惜此一精神、不但未爲後世所發揚光大，反而遭受湮沒的危險。後世道德要求於卑方者、非常嚴，要求於尊方者、則甚寬，其寬與嚴、相距甚遠。在君權極盛的時代、君主對於臣下、生殺予奪，可以爲所欲爲，而臣下猶須歌頌其聖明。甚至臣下無辜受戮，不但不得口出怨言，且須叩謝皇恩。俗語說：「伴君如伴虎」，充分顯示了君主的淫威。民國建立以後，君主的特權已歸消滅，平等思想逐漸擡頭，道德上不平等的現象、亦隨而減少，但猶未絕跡。在現代一般人的心目中，有些道德觀念依然帶有濃厚的不平等色彩，貞操觀念可說是其中最顯著的一例。貞操確是美德，婚姻的美滿、家庭的幸福、莫不賴以維持。美中不足的、只用以約束女子，未用以約束男子。昔時爲夫者、於妻子死後，可以再娶，於妻子生時、可以納妾；爲妻者不得再嫁，更不得置面首。現代女子於夫死或離婚後，雖可再嫁，但猶未免受社會的歧視。法律雖明定一夫一妻制，但留有納妾的餘地。妻有外遇，爲社會所指責，夫有外遇，則爲戚友所寬容。然而家庭的不幸起於妻方不貞的、雖不能謂爲絕無，起於夫方不貞的、究居大多數。所以誠欲實現家庭的安寧，必須把不平等的殘滓掃除淨盡，要求爲夫者在婚姻存續期間、與爲妻者負荷同等的貞操責任。

於此有宜辨明者：貴賤與尊卑不同，奴役與服務不同，不可混爲一談。道德平等性所要求的、是不分貴賤，不是不分尊卑，是不相奴役，不是不相服務。貴賤指人格尊嚴上的分別，貴者可以無視賤者的人格尊嚴而爲所欲爲，賤者則必須絕對尊重貴者的人格尊嚴而不敢稍有冒犯。尊卑指禮貌上的分別，尊者對於卑者、禮貌不妨忽略，但不無視其人格，卑者對於尊者、則必須恭敬有加，以表示其尊崇。故父母得嚴詞以教訓其子女，子女不當厲色以譴責其父母。嚴辭教訓、是父母應盡的責任，且無損於子女的人格尊嚴，故不得謂爲不平等。但若父母當衆羞辱其子女，使其無地自容，甚或賣女爲娼，使其蒙辱終身，則蹂躪了子女的人格尊嚴，不是道德平等性所許了。奴役是賤者爲貴者所役使，出於權勢的壓迫，動止不能自主。服務則出於自願，爲父母服勞，爲朋友幫忙，爲社會盡力，爲其爲人所應爲。所以爲人不當奴役他人，亦不當供他人奴役，却應當爲人服務，亦可接受他人的服務而以服務酬報其服務。

民主的另一主要因素是自由，故欲道德民主化，除了平等化以外，又須自由化。自由一詞、照字面解釋，可以解作全由自己決定、不受他人的干涉。但若賦此一解釋以絕對性，謂不論在何種情形之下，只要我欲如何，便可如何，任何人都無權干涉，則屬於極大的誤解。因爲若依此一誤解以行事，則他人的工具、我欲取用便取用，可釋爲我的自由，鄰家的花木、我欲剪除便剪除，亦可釋爲我的自由。人人若都如此逞其自由，勢必紛爭迭起，無法安寧。故自由之由己決定與不受干涉，不可解作絕對的，只可解作相對的。必自己的決定確是正當的決定，而後可以由己，必他人的干涉確是無理的干涉，而後可以不受。修剪自家庭院的花木以增加美觀，鄰人前來阻撓，自應予以拒絕。自家庭院內垃圾堆積，臭氣四溢，鄰人前來勸請清除，自不能置之不理。常人都有一種傾向，一方面欲儘量伸張自己的自由，他方面則欲儘量抑制他人的自由。因爲自己的自由與他人的自由、往往互相牴觸，抑制不住他人的自由，自己的自由便不能順利伸張，一伸一抑、互爲表裏。人人各欲有所伸與有所抑，諸般紛爭隨之而起。故欲防止紛爭，必須針對此一傾向加以矯治，必須節制自己的自由，不任其侵害他人的自由，必須尊重他人的自由，不作無理的干涉。誠能人人自加節制而互相尊重，則人人都得享受自由而不會有喪失之虞。人人能享受自由，纔是自由的眞義。道德自由化的目的、即在人人能維護其自由，能安享其自由，故其所求於人者、不外節制自己的自由與尊重他人的自由。論語衞靈公篇載：子貢問：「有一言而可以終身行之者乎」，孔子答道：「其恕乎！己所不欲，勿施於人」。孔子所提倡的恕道、近代學者中、有人解釋爲與自由的眞義相通，頗饒見地。自己所不欲的、不以強加諸人，正是尊重他人的自由。而尊重他人自由之中、一定含有自己自由的節制。故謂恕爲卽是自由，亦未嘗不可。孔子旣以恕爲「可以終身行之」，可見孔子思想亦主張道德之應當具有自由性。

次述道德之必須具有科學性。道德之所以必須具有此一性質、觀於前二章所述，已可概見。第四章曾說：眞僞是善惡的先決條件。認識的眞僞不明，則衡量難期得當，衡量的正誤不明，則依以實行，難期其必獲善果。故求善必先求眞，去惡必先去僞。科學所求得的、是最靠得住的眞理，所以道德必須具有科學性。第五章曾說：道德的修養、在於情緒的理智化與理智的情緒化，使兩者融合爲一。理智愈淸明，則指向愈確當，言行亦因而愈能趨於善。科學是最淸明的理智所獲致的成果，故情緒的理智化、自應以科學化爲其重心。道德的科學性、可析爲兩層來說。一爲運用科學所用的方法，以闡明諸種道德的意義，以辨明諸種道德的同異。二爲應用科學所得的知識，以矯正諸般言行的失誤，以增進諸般言行的效用。

科學方法是一切求知方法中最踏實而最精確的方法，不似想像那樣沒有事實的根據，亦不似直覺那樣純出於主觀。科學方法以經驗爲基礎，以觀察與實驗爲途徑。觀察之前、必先擬定精密計劃，逐步進行，以防疏漏。觀察時且必借助於儀器，以補耳目之不足，以盡孔子所提倡的「視思明，聽思聰」（論語季氏）的功能。所研究的對象而可以施行實驗，則必於觀察以外、兼施實驗。實驗之爲用、正如有些科學家所稱道，向研究對象提出問題，迫其自作答覆，故實驗所得、最爲眞切。使用概念，必爲之作明確的定義，俾與相似而不相同的其他概念有清晰的分別。有所論斷，必確屬可以概括言之的，始作概括的論斷，其必須加以限制的，則明白說出其限制，不作籠統的論斷。古代傳下來的有些德名、意義含混，不夠明確。居今日而言道德，必須運用科學方法，澄淸其意義，毋使原欲用以致善的、反用以致惡。例如勇、是中庸所認爲三達德之一，孔子亦嘗以之與仁智並稱。勇的意義、常人大抵解釋爲無所畏懼而敢作敢爲，故在現代口語中、於勇字下加一敢字，稱之爲勇敢。但如此解釋，實未足以顯示勇之必爲美德。因爲勇敢而用之於公戰，誠是美德，用之於私鬥，則反成惡德。孔子有見於勇之可以爲善亦可以爲惡，故在論語爲政篇內嘗明白提示：「見義不爲，無勇也」。孔子此言、可解作孔子對於勇德所下的定義，因爲依照理則學的規則，此言可以轉成「勇是見義而爲」。孔子把勇的敢爲限制在「見義」的範圍以內，明示勇之所以足貴、不僅因其敢爲，兼亦因其見義。若敢爲而不合於義，不但不值得稱道，且當予以貶斥。孔子不籠統地提倡敢爲，深得科學的精神，是我們所當切實取法的。孝、是我們中國人所最重視的，推爲百行之先。古人講到此德，單用一個孝字，後世則於孝字下加一順字，稱之爲孝順。於是在解釋上不免發生問題：是否只要順從父母，便算盡孝，不順從父母，便算不孝。此一問題的如何答覆、應依順字的解作何義而定。荀子修身篇云：「以善和人者謂之順」。若採取此義，自可作肯定的答覆，謂順卽是孝，不順卽是不孝。但通常說到順，不一定採取荀子定義的全部，大抵只廣泛地解作「和人」，不問其「以善」與否。孟子滕文公下篇云：「以順爲正者、妾婦之道也」。孟子對於順、頗露輕視之意，可見孟子把順字只用作「和人」，並未兼攝「以善」的意義。故若採取順字的通常意義，則只可作否定的答覆：順未必卽是孝，不順未必卽是不孝。父母的所言所行、可能有是有非。是者可順，非者不可順。可順而不順，誠屬不孝，不可順而順，亦屬不孝。因爲不可順而順，勢且陷父母於不義。陷父母於不義，依古人的教訓，依現代的看法，都屬不孝之大者。故弘揚孝道，對於兒童、因其理智尙未成熟，其辨別是非的能力尙待發展，只好概括地教以順從父母，對於成人、則應敎其於可順不可順之間，審愼分辨，不宜一味以順爲孝。

科學知識是運用科學方法研究所得的成果。科學方法是最踏實的方法，所以科學知識是最可信的知識。知識日在進步之中，科學發達以後，其進步尤爲迅速。昔日所認爲眞理的、在今日看來，已有許多不盡眞實。昔日所視爲當行的、在今日看來，亦有許多不可遵行。所以古人所垂示的言行規範、社會所尊崇的言行準則、其用意雖甚佳，其方式則非必可取。時至今日，我們只應取法其用意，不當墨守其方式。方式而無違於科學知識，自可遵行，方式而有背於科學知識，則應當依據科學知識以改變其方式，否則原欲用以致善的、或且反以致惡。孝、是人人所應盡的義務，但若行孝而不得其道，很可能轉而釀成不孝。舉例言之，禮記曲禮云：「親有疾飲藥，子先嘗之」。推其「先嘗」的用意，當在檢驗藥性之是否有毒，尤在檢驗藥性之是否對症。其態度的鄭重、確足以表示一片純孝的心情。但藥性的是否有毒與是否對症、都非一嚐卽可了然。藥而有毒，試飲少許，中毒不深，可能貽害於他日，不會發作於當時。子女不患有父母所患的疾病，則雖先嚐，亦無從證實該藥之能否治愈父母的疾病。且有些藥品、性甚猛烈，足以挽回重病者的危機，却亦足以傷害無病者的健康，子女而亦須先嚐，徒以健康供犧牲而已。昔日社會上流行一種迷信：父母病重垂危，醫生束手，爲子女者秘密地割下股肉，煎成湯藥，父母服了，可以轉危爲安。但據我們今日所知，人肉不是萬應的靈藥，不會有起死囘生的功能。子女割股，依習俗所傳，必須嚴守秘密，不讓任何人知道，則消毒勢必不周，甚易爲病菌所侵入。故嚐藥與割股、不但無益，反足以召害，輕則損傷子女的健康，重則引起子女的疾病，徒使父母增添一番憂慮。原爲父母所可不有的憂慮、由子女爲之製造以傷其慈愛之心，如此行孝、豈不南轅北轍，欲孝而反致不孝。所以嚐藥與割股的精神、應當取法，嚐藥與割股的行動、却必須摒棄。父母有病，應當愼選醫生，盡心看護，以期其早日康復，凡不合科學知識的愚孝行爲、一槪不當採用。再如父母患有嚴重的傳染病，依照法令，必須送入傳染病醫院，與外間隔絕，不得留在家中醫治，以免家屬及鄰人傳染。這是政府依據科學知識所作的規定，是防止傳染病蔓延的最好辦法。把父母送入傳染病醫院，爲子女者不得親侍湯藥，不得朝夕省視，於心當然多所不忍。但爲了尊重政府的法令，爲了顧全四鄰的平安，只好用理智來克制情緒，忍痛送父母前往，開明的父母自亦不會以此責怪其子女。

第七章　苦樂的安排

安寧與快樂、不安與痛苦、往往相聯而至，安寧則感到快樂，不安則感到痛苦。試就身體方面舉例，腹中饑餓，旣感不安，亦覺痛苦，一經飽食，不安隨以消失，快樂亦跟踪而來。勞動過度，精疲力竭，則不安不樂，休息以後、精力恢復，則旣安且樂。精神方面亦有同樣情形，思索一個問題，未能卽時獲得解答，在焦思苦慮之際、旣感不安，亦覺不樂，一經獲得滿意的解答，則頓覺輕鬆，快樂之感亦油然而生。與人接談，說話過於率直，深恐有傷對方感情而心懷懊悔，則不安不樂，及察知對方並未介意，心頭的壓力鬆弛，不安不樂亦便隨以消失了。基於這些事實，在日常用語中、安樂二字時常連用，一若安卽是樂，樂卽是安，其名雖異，其實則同。但若進一層觀察，則不難發見，安樂之相聯、非無例外，有時雖安寧而不感到快樂，有時雖不安而不感到痛苦。居常飽食暖衣而沒有饑寒之憂的人、在衣食方面可謂安寧極了，但正因飽暖成了常態，習焉不察，未能引發其快樂之感。俗語所云「身在福中不知福」、可用以描述此種安而不樂的實況。前一福字、指安寧而言，後一福字、指快樂而言。日常處於飽食暖衣的安寧狀態之中，卽是「身在福中」，對於飽食暖衣不感到快樂，卽是「不知福」。如此身在福中不知福的人、世間比比皆是。故安寧有時不與快樂相聯。戲劇或電影、描寫一位愛國志士、冒生命的危險，潛至敵後刺探軍情或竊取機密文件，在刺探或竊取的時候、幾爲敵方所捕，或被捕後臨危脫逃。在如此緊急關頭、觀衆必會隨着劇中高潮的掀起而感到緊張，惴惴不安，但猶樂於觀賞，不覺得痛苦。又如有人不愼失足落水，爲他人所救起，次日攜帶厚禮，前往致謝。對方若堅辭不受，自不免感到受恩未報的不安，但不會因此引起痛苦。故不安亦不一定與痛苦相聯。

安與樂、雖相聯的較多，不相聯的較少，但旣有不相聯的事例，自不能謂爲安卽是樂，樂卽是安。故安與樂、僅可謂爲兩個意義相近的名稱，不得謂爲兩個意義相同的名稱，僅可謂其往往相聯，不得謂其一定不離。

安不安與苦樂、在進展與強度上、亦有其不同之點。安不安、好像池中的水，風勢所激，不過掀起輕微的漣漪。苦樂好像海中的水，微風過處，誠亦只掀起小浪，強風過處、則會激成怒濤。所以安與不安、總較緩和，苦與樂、有時緩和，有時則甚強烈。

快樂往往與安寧相聯，痛苦往往足以引致不安，故苦樂對於人生的安寧、有其不可忽視的影響力。趨樂避苦、是人的常情。世間只有不識趨避的正路、誤入歧途、卒至求樂反得苦的，未有識得趨避的正路、却反其道而行的。至若安貧樂道的志士與苦行的頭陀，在常人看來，似乎志在求苦，不在求樂。實則他們亦在求樂，不過他們別有其大樂，與常人所樂不相一致。志士所樂於堅守的、是道，故貧賤而有合於道，寧處貧賤，富貴而有違於道，寧捨富貴。頭陀嚮往於生老病死的解脫，深信苦行之爲通往極樂世界的唯一捷徑，故其刻苦自勵、只是爲了求得理想中的大樂。人人都想趨樂避苦，沒有例外，而苦樂對於人生的安寧有着不可忽視的影響力，故趨樂避苦之道、亦爲言道德者所當注意。

關於人生的苦樂、尤其關於苦樂的多寡、世間有不同的看法。有人懷抱樂觀的看法，以爲樂事多於苦事，其所主張、可說是樂天主義的一種。有人懷抱悲觀的看法，以爲苦事多於樂事，其所主張、可說是厭世主義的一種。謂樂事多於苦事或苦事多於樂事，主張者固可舉出許多事例以充論據，但其看法實難謂爲精確無疵。因爲這兩種看法、在根本上、都把快樂與痛苦看成具有客觀的存在，或看成客觀事物的性質，以爲某事物一定且只會爲人們帶來快樂，某事物一定且只會爲人們帶來痛苦。實則苦樂既非客觀事物的性質，更不具有客觀而獨立的存在，乃是感受主體遭遇外來刺激時所掀起的反應。且同此刺激、主觀所掀起的反應，因人而異，亦因時而異。故若不知感受主體的好惡如何及其當時的心情如何，便無從預斷某種刺激爲其人帶來的、是快樂還是痛苦。各人的好惡不定相同，某甲所好、可能即是某乙所惡，於是某甲所引以爲樂的、某乙可能引以爲苦。一盆辣味甚重的食物、嗜辣的人吃到了，則大快朶頤，怕辣的人吃到了，則狼狽不堪。某男子方在熱戀之中，向之稱讚其女友的美麗賢淑，則其人必且眉飛色舞，他日失戀分手，若猶向之作前此所作的讚美之辭，則其人勢且掩耳而走。由此可見，苦樂不存於客觀刺激的本質之中。同此客觀的刺激，可以致樂，亦可以致苦。故客觀世界中本無樂事與苦事，本屬無有，而欲就以計數其孰多孰寡以證人生之可樂或可厭，豈不成了無根之談。苦樂存於刺激的反應上。刺激有來自強大的自然力的，如颱風，如地震，固屬人力所莫可奈何。但如此的刺激、究屬甚少，在日常生活中、多數的刺激是人力所可左右的，如飲食之不任其過度，如衣服之保持其清潔。反應出於主觀，尤為人力所能左右，如得失之不過於計較，如毀譽之不過於重視。故人生的苦樂、在有限度的範圍以內，是人力所能安排的。安排得當，則快樂可以多於痛苦，甚且痛苦可以轉變為快樂。安排失當，則痛苦多於快樂，甚且快樂可以轉變為痛苦。孟子說：「禍福無不自己求之者」（公孫丑上）。這句話、嚴格言之，誠不免說得過於概括，但若視作警惕性的啓示，則有其深長的意義。苦樂的多寡、出自安排的巧拙與勤惰。據此一事實以論樂天主義與厭世主義，則樂天主義當為巧於安排而又勤於安排的人所應得的結論，厭世主義則為拙於安排而又怠於安排的人獨抱的主張了。此下試述如何安排的幾個要點。

第一個要點：要立身端正，絕不胡作妄為。立身端正、是快樂的一大來源，必須加意培養，胡作妄為、是痛苦的一大來源，必須努力革除。平時循規蹈矩，無所踰越，愼言謹行，未嘗失誤。遇到公私的任務，不敢輕易承擔，一經承擔，必全力以赴，對於他人的期約，不敢輕易許諾，一經許諾，必如約履行。能如此既忠且信，必為儕輩所推重，為鄉里所稱許。盡忠守信、原是人人所應盡的義務。能盡應盡的義務，已屬一件甚大的欣慰，因此而博得他人的推重與稱許，又是一件甚大的欣慰。欣慰加欣慰，任何人都會感到莫大的愉悅，且此種愉悅、其性質的高尙、決非吃到美味時的快樂所能比擬，可說是人生最高的快樂，亦是人生所最應努力以求的快樂。胡作妄爲，其程度淺的、如辦事之不肯努力，如期約之不思履行，其程度深的、如公務人員之貪污受賄，如強盜之刼人財物，都必招來或小或大的痛苦。辦事不肯努力，必會遭受失業之苦，期約不思履行，必會遭受信用喪失之苦。其胡作妄爲之程度較深的、所遭受的痛苦、亦必更爲強烈。在其汚行暴行未被發覺以前、深怕爲人所發覺，聽到他人談及類似的案件，則疑其有所刺探，憂慮惶恐，精神上飽嚐苦楚。一旦發覺被捕，判罪入獄，名譽掃地，行動失却自由，精神身體兩皆痛苦。刑滿出獄，終身受人鄙視，無人敢與親近，孤立於人海之中，其痛苦更不堪言狀。所以胡作妄爲爲痛苦的根源、其事至爲明顯。昔日科舉時代有一種迷信，謂士子行爲不檢，尤其破壞女子的貞操以致該女子羞愧自盡的，在鄉試場中、其寃魂必來索報。有些秀才、旣懷有此種迷信，又抱有此種心病，一入試場，精神失常，或在場內懸樑自縊，或成瘋疾，終身不克治愈。胡作妄爲可以釀成如此的下場，能不令人深戒！孔子教人，亦嘗垂示此一道理。論語顏淵篇載：顏淵問到爲仁的條目，孔子告以「非禮勿視，非禮勿聽，非禮勿言，非禮勿動」。非禮而猶視猶聽猶言猶動，即是胡作妄爲。視聽言動而無一不合於禮，即是立身端正。又載：司馬牛問君子，孔子告以「君子不憂不懼……內省不疚，夫何憂何懼」，謂君子為人，平日不胡作妄為，自省沒有什麼歉疚，故可以無所憂無所懼，亦即可以沒有什麼痛苦了。故為人而欲趨樂避苦，首須立身端正，以疏濬快樂的源頭，使其滾滾不竭，絕不胡作妄為，以堵塞痛苦的源頭，令其不克泛濫成災。

第二個要點：要志趣淡泊，不懷過份的慾望。苦與樂是感受主體對於刺激的反應，如何反應、其主要裁決者、是感受主體所懷的慾望。所懷慾望而獲得滿足，則快樂，得不到滿足，則痛苦。例如在腹中饑餓欲得一飽的時候、覓得食物，則快樂，覓不到食物，則痛苦。苦與樂的大小、依慾望程度與滿足程度的配合情形而異。滿足程度超過慾望程度，其樂最大，滿足程度恰與慾望程度相當，其樂次之，滿足程度低於慾望程度，則感到痛苦，其痛苦的大小、又依滿足程度與慾望程度的距離遠近而異，慾望而絲毫得不到滿足，其苦最大。例如農人、終歲勤勞，希望本年有八成的收穫，而收穫的結果竟達十成，則大喜過望。收穫若適為八成左右，則亦相當欣慰，若只有四五成，則抑鬱不歡，若顆粒無收，則痛苦不堪言狀。不但農夫對於收成的慾望有如此情形，其他慾望亦莫不然。求名而名至，求利而利來，則欣然自得，求名而名不至，求利而利不來，則怨尤叢生。然而事不如意者、十常八九。中國社會的習尚、以「萬事如意」為祝詞，正反映了大眾心目中不如意事為數之多。有人自以為學行優異，應當受到揄揚，而無人為之揄揚，有人自以為才能出衆，應當受到推舉，而無人爲之推舉，或發爲牢騷，或激爲憤懣，戾氣瀰漫，社會亦受其不良影響。有些學者、鑒於戾氣之來自慾望的不能滿足，遂以慾望爲致惡之源，以絕慾爲入德之門。但慾望與生俱來，與死俱滅，在生存途中而欲加以絕滅，是一件沒法做到的事情。萬一做到了，每一個人都寧願餓死而不思求食，則人類的生命亦隨以結束了。故若無意毀滅人類，則絕慾主義是不應當採取的。慾望雖不可能絕滅，不應當絕滅，但可能節制，而且應當節制，只許其適度，不許其過份。某一慾望、在客觀的形勢上、在主觀的能耐上、有百分之百滿足可能的，則爲適度，僅有百分之若干滿足可能的，則爲過份。例如某一農夫、其所耕的田，十年以來，平均收穫、約爲八成，因而今年亦希望能收八成，則其慾望爲適度，若作十成的打算，則其慾望爲過份。所懷慾望而無一過份，則時時刻刻感到滿足與愉快，反之，無一不過份，則所感到的、只是失望與痛苦。若更能降低標準，原可期待其有八成收穫的，僅期待其有六七成的收穫，則收穫的結果超過所期，心情的歡樂定可倍增。所以保持淡泊，不存奢望，是趨樂避苦的一大坦途。至於慾望的滿足有賴於他人的，尤應處以淡泊。論語學而篇載有孔子的一句話：「人不知而不慍，不亦君子乎」，教人不要爲了不獲知遇而有所怨恨。里仁篇又載有孔子的話：「不患莫己知，求爲可知也」，教人只要注意自己的修持，不必慮及自己才學之能否見知於人。荀子繼承孔子此一思想，在非十二子篇內更具體地說道：「君子能爲可貴，不能使人必貴己，能爲可信，不能使人必信己，能爲可用，不能使人必用己。故君子恥不修，不恥見汚，恥不信，不恥不見信，恥不能，不恥不見用」。人們能信守聖賢的這些訓誨，淡泊自處，不汲汲於求知求遇，一定可以省却許多煩惱。

第三個要點：要胸襟曠達，不太重視個人的得失。人的常情、有所得，則快樂，所得愈多，則快樂愈大，無所得，則痛苦，有所失，則更痛苦，所失愈多，則痛苦亦愈大。例如經營商業，平時生意甚佳，年終結算，獲利頗豐，則必十分高興。生意平常，僅敷開支，沒有盈餘，則意興索然。生意清淡，虧損甚巨，則必愁苦不堪。得失之心、當然亦有足供利用的價值。行政機關、工商團體、莫不定有獎懲的辦法，其從業人員工作勤奮而成績優良者、加俸加薪，增益其所得，以鼓勵其益加勤奮，其非然者、則凍結其薪額，以警戒其怠忽。此外如稅捐不如期繳納，駕駛不遵守規則，亦都科以相當數額的罰鍰，使其痛於有所失而不敢再犯。所以得失之心非無用處，足以警戒他人的怠忽，足以激勵自己的勤奮。但自趨樂避苦的觀點看來，得失之心不可太重，太重了，徒然自添煩惱。有些損失、非出自召，且非自力所能預防，自己雖極端謹愼，亦會意外飛來。如鄰居不愼失火，延及自宅，財物盡燬。又如他人作無理的請托，未遂其願，乃造作蜚語以事毀謗。對於此種意外的損失，尤應處以曠達，不以縈懷，以減少痛苦。列子力命篇載：「魏人有東門吳者，其子死而不憂。其相室曰：『公之愛子，天下無有，今子死不憂，何也？』東門吳曰：『吾常無子。無子時不憂，今子死乃與嚮無子同，臣奚憂焉」。東門吳的態度與理論、不能謂爲絕對正確。子死而毫不悲傷，不是慈父的心情所應出。未生子而無子與已生子而無子、理論上不得謂爲相同。東門吳的態度與理論、雖不盡正確，其精神的曠達、却亦未可厚非。我們遇到不如意的事情，若能退一步想，雖不能視同無事，亦可免於頹喪。在戚友有所失的時候、昔日所用以慰勉的、爲「塞翁失馬，焉知非福」，現時所用以慰勉的、爲「失敗爲成功之母」，其用意亦都在鼓勵曠達，以救人陷入頹喪之苦。不甘寂寞，自造痛苦，更是我們所當切忌。論語陽貨篇載有孔子描述鄙夫的行徑道：「其未得之也，患得之，既得之，患失之。苟患失之，無所不至矣」。孜孜以求財富求地位的人、在未獲得以前、焦思苦慮，深怕達不到目的，終日惶惶，若有所失。一旦如願以償，又恐把握不牢，得而復失，依然日坐愁城之中。對於此種患得患失的病態、開拓胸襟，培養曠達，正是一服有效的良藥。

第四個要點：要保持循序的漸進，不作一躍即登高峰的企圖。關於刺激與苦樂、有兩件事情，我們應當特別予以注意。其一、刺激的強度穩定不變，則引不起快樂或痛苦。其二、強度相同的刺激、因所與對比者不同，其所引起的情緒異其苦樂。

「入芝蘭之室，久而不聞其香，入鮑魚之肆，久而不聞其臭」、這是大家所習聞的話，亦是大家所熟知的事。初入芝蘭之室，人人都會聞到香，初入鮑魚之肆，人人都會聞到臭。其所以久而不聞、只因芝蘭所揮發的香氣與鮑魚所揮發的臭氣、其強度始終如一，沒有變化，歷時稍久，鼻子聞慣了，便不復覺察其香與臭。感覺如此，情緒亦然。某一強度的刺激、原足以引發快樂或痛苦，若其強度歷久不變，則苦樂隨着時間的進展，漸漸衰退以迄於消失。例如山珍海鮮、是世間的美味，素未吃到而今日始吃到，或久不吃到而今日又吃到，一定覺得鮮美無比，樂不可支。但若每餐都是山珍海鮮，吃得多了，便不復覺得特別鮮美，亦不復感到特別快樂。又如咖啡、略帶苦味，初嘗時覺其甚不適口，及隨衆飲用多次，便漸漸視同喝茶了。飲食以外的其他事情、亦多同樣的情形。一個青年、初出校門，卽獲得一職，其地位的高下及薪給的多寡、與具有同等學力而初任事者所得的待遇、約略相當。如此際遇、以視同班同學之未能謀得一職者，自可心滿意足。就職以後、勤奮從事，每年考成，都獲晉級加薪。逐年升晉，亦卽刺激逐年加強，其人必可終身生活在愉快之中。另一青年、一出校門，驟獲高位，當時的心情、固欣喜欲狂。但就職以後、因爲閱歷未深，經驗不足，處事每難得當，成績無由表現，且職位及薪給已達高峯，不能有更上一層樓的希望。刺激的強度停滯不進，不能爲其人帶來新的喜悅。故少年得志，非必是福，初得時的短暫歡樂抵銷不了此後多年的長久抑鬱。

同一刺激、因對比關係，常會引致不同的感覺。試先將雙手浸入熱水中片刻，然後放入微溫的水中，則覺得該水頗凉。繼又將雙手浸入冰凉的水中，俟冷透後再浸入先前所浸的微溫的水中，則覺該水頗暖。同此微溫的水、其所以有時覺得涼有時覺得暖、完全出於先後所與對比者的不同。對比作用同樣亦會影響情緒，使同一強度的刺激所引發的、異其苦樂。試以財富的積蓄爲例，去年年終、綜計所積，有一萬元，今年年終增至一萬五千元，則感到欣慰。設或去年年終本已積至二萬元，今年年終減至一萬五千元，則難免苦悶。所蓄同爲一萬五千元，其所以欣慰、因爲與去年的一萬元相比，增加了五千元，其所以苦悶、因爲與去年的二萬元相比，減少了五千元。試再以身體的健康狀況爲例，患病發燒，體溫升至三十八度，已頗覺困頓。昨日高燒達三十九度，今日退至三十八度，則頓覺輕鬆。同爲體溫三十八度的病況，其所以困頓、因爲與昨日未病時的正常體溫相比，高了一度，其所以輕鬆、因爲與昨日高燒時的三十九度相比，已低了一度。所以同一強度的刺激、其所引發的情緒、隨着所與對比者的不同而可以大異其趣。在此一對比下可以致樂的，在彼一對比下會轉而致苦，在此一對比下可以致苦的，在彼一對比下會轉而致樂。對比作用有如此的影響，故若能把對比安排得很妥善，定可增加快樂，減少痛苦。安排之道、並不甚難，只要循序漸進，不任其停滯，更不任其後退。一生之中、逆境在先，順境在後，由逆境漸入於順境，則每進一步，必獲得一分欣慰，步步前進，時時歡樂，追憶昔日的困窘，亦必回味甚甘，苦事且轉成樂事了。反之，順境在先，逆境在後，每退一步，則增一分煩惱，追憶昔日繁華，必有不堪回首之感，樂事且轉成苦事了。故欲趨樂避苦，應當切記對比的影響而妥爲安排。

第五個要點：要把快樂限制在適當程度以內，不任其陷入狂歡。苦樂的安排、意在增進快樂，減少痛苦，但若安排不得其道，很可能招致相反的後果。一味加強刺激，盡情歡樂，到了歡樂過度，難免樂極生悲。這是大家都能經驗的事實，試舉鬧酒以爲一例。與戚友宴飲，逞強鬧酒，狂飲不已。在飲酒當時、受了酒精的強烈刺激，誠然樂趣橫溢。大醉以後、嘔吐狼藉，站立不穩，傾倒於地，觸及桌椅，肢體受傷。翌日醒來，猶頭痛腦脹，終日不能舒適。鬧酒原爲求樂，結果則適得其反。論語鄉黨篇述及孔子的飲酒，謂孔子「惟酒無量，不及亂」，足爲飲酒的模範。各人的酒量不同，量大者不妨多飲，量小者只可少飲，不論量大量小，都須以不過其量爲度，庶可免於亂性傷身。任何歡樂、都以適度爲貴，不獨飲酒一事而已。孔子亦嘗垂示此一道理，論語八佾篇載：「子曰：『關雎樂而不淫……』」。孔子用「樂而不淫」一語以讚美關雎這一首詩，明白表示了樂之不可以流於淫。淫是多而過度的意思。故「樂而不淫」、是適度的歡樂，樂而淫、是過度的歡樂，亦即是狂歡。狂歡足貽後患，故欲維護久長的快樂，必須節制快樂，不任其過度。

快樂的來源不一，有來自肉體的享受的，如食美味與飲醇酒，有來自心靈的享受的，如聽美樂與觀名畫。前者可稱爲物質的快樂，後者可稱爲精神的快樂。這兩種快樂之間、非有不可逾越的鴻溝。因爲食美味與飲醇酒、固足以滿足口腹之慾，但影響所及，亦可舒暢心靈。聽美樂與觀名畫、固足以怡性逸情，但同時亦足以悅耳悅目。不過肉體與心靈雖同爲享受者，究不免有主從的分別。享受美食與醇酒的、肉體是主，心靈是從。享受美樂與名畫的、心靈是主，肉體是從。依此主從的不同，以分快樂爲兩種，尙不失爲有所根據。這兩種快樂、同爲人生所追求，其價値難分高下。但若專就有無後患一點而論，物質的快樂流爲狂歡以貽後患的、其例甚多，時有所聞。精神的快樂流爲狂歡以貽後患的、雖不敢謂爲絕無，究非常見。故若以有無後患爲標準以判別兩者的高下，則精神的快樂優於物質的快樂。故誠欲趨樂避苦，與其在物質的快樂上力圖發展，不如在精神的快樂上多所經營。

第八章　仁義與功利

在有些人的心目中、仁義與功利、意義相反，不能相容。於是崇尚仁義而自以爲尊奉儒家思想的人、以功利爲卑不足道，甚且以功利爲罪惡，推重功利而懷有法家思想的人、則以仁義爲迂濶無用，甚且以爲有害於治。此種見解、都出於仁義與功利之未得正解。把功利視同專圖一己不正當的私利，纔會鄙棄功利，把仁義視同一味姑息而無所節制，纔會詛咒仁義。若得其正解，則可發見：仁義與功利、不但不相牴觸，且具有密切的關係。正因爲期待功利，纔有實行仁義的必要，亦正因爲實行仁義，纔有功利之可期。功利之跟踪仁義、有如影之隨形，非揮之所能去。故若鄙棄功利，則爲拔本塞源計，必先鄙棄仁義而後可。又若鄙棄仁義，則本枯源涸，功利不會從天外飛來。故鄙棄仁義與鄙棄功利、都不免爲偏激之談。

在闡述仁義與功利的關係之前、試先簡述仁義功利四名的意義。能把握住這四名的正解，其間關係，便可易於認識清楚，不致再犯偏激之病。

吾國傳統思想、最重仁義。仁義確屬可貴，惟其意義如何、解釋者不一其說，有解釋得較平實的，亦有解釋得很玄妙的。孔子倡導仁義，孟子亦倡導仁義。孟子雖私淑孔子，但其所說仁義、與孔子所說仔細比較，多少有些出入，並不完全相同。本書解釋仁義，大體遵從孔子所說。

先說仁的意義。仁字成自人字與二字，有人據以釋仁爲二人相處時所應有的態度。此雖依據造字的原意以立說，因其未嘗點明應有態度之究爲何等樣的態度，不能令人由以了悟仁的要義，故難令人滿意。水果的種子、通稱爲仁，如杏仁桃仁。有人據以釋仁爲具有生生之義。此則依據譬喻以立說，未可謂爲解釋的正道。古代儒家用仁字，大抵用作愛字的意思，孔子孟子荀子都有相同的說法。論語顏淵篇載：「樊遲問仁。子曰：『愛人』」，孟子盡心上篇說：「仁者無不愛也」，荀子議兵篇說：「彼仁者愛人」。孔子在答覆樊遲時、愛字下用有人字，好像仁只是愛他人，不兼攝愛己之義。實則孔子的眞意、並未設有如此的限制。論語雍也篇載：孔子告子貢云：「夫仁者己欲立而立人，己欲達而達人」。「立人」與「達人」、是愛他人，「己欲立」與「己欲達」、則是愛自己。故孔子所說的仁、實兼愛他與自愛兩義。如實言之，愛他與自愛，本是一件事的兩面，就人而言，是愛他，就己而言，則爲自愛。愛他即所以自愛，不知自愛，必不會愛他。例如與人約諾，自愛的人必如約履行，不肯失信，以免損傷自己的人格，對方亦因而得免空等的焦急與時機的失誤。不自愛的人視約諾如兒戲，履行與否、不予重視，對方亦必因其玩忽，遭受或大或小的損害。故愛他與自愛、在名稱上雖有自他之分，在實質上非有人我之別。

仁是孝悌忠信諸德的總稱。仁的對象、種類繁多，隨其不同，乃有孝悌忠信等別名。

以仁事父母，則稱之爲孝，以仁事尊長，則稱之爲悌，以仁處理職務、則稱之爲忠，以仁應付諾言，則稱之爲信。仁之所以足貴、因爲愛了，纔有使所愛者獲得安寧的可能，未有不愛而反能導致安寧的。故欲滿足人生的基本要求，仁是不可或缺的良導體。以孝事父母，則父母安，以悌事尊長，則尊長安，以忠處理職務，則共事的人可以不必憂慮其事之有所失誤，以信應付諾言，則對方可以安心期待其必能履行。自愛爲自己求安寧，愛他爲他人求安寧。故仁的目的、在於求安，仁的作用、在於致安。故從目的與作用以論仁，可說仁是一腔求安的心，是一股求安的力。人人都有爲自己與他人求安的義務，故人人都須堅持仁心，一時一刻亦不放鬆。論語里仁篇載：孔子說：「君子無終食之間違仁，造次必於是，顚沛必於是」，荀子不苟篇亦說：「唯仁之爲守」，都垂示了此一道理。

仁是可貴的，却不是難於做到的。論語述而篇載：「子曰：『仁遠乎哉！我欲仁，斯仁至矣』」。暴飲暴食，傷害自己的健康，貪懶貪玩，荒廢自己的正業。如此不自愛惜，可謂不仁之至。一旦悔悟，革除舊習，不復暴飲暴食，健康得以維護，不復貪懶貪玩，正業得以推進。開始了自愛，亦卽開始了爲仁。飲食有度與作息有時、不是難事，只要立志去做，沒有做不到的。把食餘的果皮隨手拋棄路上，致使行路不小心的人踐踏而傾跌，深夜羣居喧囂，聲震屋宇，致使鄰居不得安眠。如此不顧他人的安寧，亦可謂不仁之至。多走幾步，把果皮放入垃圾箱中，稍自歛抑，聚會早一點結束，或談笑小一點聲音，都不是難於做到的事情，只要肯做，便可做到。能開始顧念他人的安寧，亦卽開始了爲仁。所以只要時時顧及自己與他人的安寧，便可步入仁的領域。仁不是遠在天邊，却是近在眼前，只要有志於仁，便可進入於仁。不傷害安寧，是入仁的起步，更進而增加安寧，創造安寧，則入仁益深。創造的安寧愈多，受惠的人數愈衆，則入仁愈深而達於聖域了。

次說義的意義。義字是一個多義的名稱，用得非常廣泛，試舉數事以見其例。如義手義足、是人所製作的手與足，用以代替眞手眞足的。義兄義弟、不是同胞的兄弟，而是基於情意的相投或其他因素所結合爲兄弟的。又如字義、指該一符號所代表的事物而言。用作這些意義的義、都與道德無關。至如江湖義氣的義字、與道德有關，但其所謂義、大抵屬於朋比爲奸的一途，正與道德上所說的義、背道而馳，從道德的眼光來看，應是不義，不應是義。道德上的義、有人以之爲專指事尊長的道德，有人以之爲專指自律的道德，則取義過狹，不足以盡義字的全盤意義。義、應如中庸所說的「義者，宜也」，解作適宜的意思。世間事物、沒有固宜的。所謂固宜、卽言某些事物具有適宜的本質，固定不移，用於任何時地，沒有不適宜的。例如有人見到剛強之足以嚇退敵意，遂以剛強爲固宜，有人見到柔弱之足以獲得同情，遂以柔弱爲固宜。實則適宜與否、不是事物固具的性質，而是運用時纔發生的正負效果。事物各有所宜，亦各有所不宜，宜於此者、不定宜於彼，宜於彼者、不定宜於此。用得其當，則莫不宜而有效，用不得當，則盡皆不宜而無效。莊子秋水篇云：「騏驥驊騮、一日而馳千里，捕鼠不如狸牲」，具體地描述了物之各有所宜與各有所不宜。良馬善跑，用以行遠，則用得其宜而有效，用以捕鼠，則將一無所得。野貓性喜食鼠，用以捕鼠，則會大顯身手，用以行遠，則非所能任。有關品德的言行，亦各有所宜，各有所不宜。例如勇、用以救人於水火之中，用得其宜，則成美德，用以刼人財物，用失其宜，則成惡德。怯與勇相反，通常雖用作寓有貶意的名稱，但若當怯而怯，未嘗不可轉成美德，如怯於護短，怯於私鬪，不當怯而怯，始成惡德，如怯於守正，怯於衞國。所以孔子在論語里仁篇內說道：「君子之於天下也，無適也，無莫也，義之與比」，謂天下的事情、沒有一件是無往而不可的，亦沒有一件是無往而可的，每一件事情、都是亦可亦不可的，其可與不可，要靠義來裁決，用得其宜，始成爲可，用失其宜，便成不可。適宜的、應該用，不適宜的、不應該用。故適宜與否，引而伸之，可以用作應該不應該的意思，義字遂亦可以解作應該。義務的義字、正用作此意，義務卽是應該做的事情。

言行而欲達到適宜與應該，必須對於適用對象的性能與處理對象的性能有清晰而正確的認識。認識若不清晰正確，則所認爲適宜或應該的、可能正是不適宜而不應該的，所認爲不適宜或不應該的、可能正是適宜而應該的，求合於義，反有違於義。最先所須認清的、是適用對象之是否確實具有某種性能與確能收穫某種效果。其次所須認清的、是處理對象若種類不一或性能各別，必須分用不同的方法來處理，不可固執一法以爲萬應靈丹。再其次所須認清的、同一處理對象所處狀況之有無今昔的不同，若有不同，必須另覓處理的方法，不可仍循昔日處理有效的途徑。有了這些清晰而正確的認識，所言所行、纔能有合於義。此於第四章內已作較詳的說明，於此不再贅述。認識屬於理智，是一種判斷作用。判斷而欲運用得當，又須有正確的知識為其資本。資本愈充實，則運用愈靈活。常言道：多財善賈，我們亦可說：多識善斷。所以要想言行有合於義，必先多儲正確的知識以為資本，知識可說是義的始基。

釋義為適宜與應該，猶嫌說得簡略，未能將義的眞義闡述盡致，故有進一步補充的必要。因為僅說適宜而不明言所適宜者之為何事，僅說應該而不明言應該之何由決定，則易啓誤解，以為所適宜者之為何事與應該之何由決定、都可置諸不論，只要能適合當前的所需而收穫預期的效果，便可稱為適宜或應該了。例如強盜刧人財物，手執武器，聲勢洶洶，令人畏懼，不敢抗拒，而後財物乃得安然入手。若易以和平的態度，對方必且抗拒，預期的效果亦將隨以無從收穫了。故就搶刧當時的需要而言，持刀威脅，可說是適宜的，應該的。但若以此類適宜與應該逕視為義，則世間不義的事將盡變而為義舉了。此則任何人所不能首肯的。由此可見：義不是單純的適宜與應該，尚別有重要的因素為之範圍。此別的重要因素、即是人生基本要求的安寧。故必適宜於安寧的獲致，在安寧的獲致上所應該做的，纔是義，外此者都不是義。義亦稱正義，加一正字，更足表示義之不僅為適宜，且必以正爲指歸。

義與仁、有着非常密切的關係。仁是企求安寧的意志，簡言之，可稱求安的心，義是導致安寧的途徑，簡言之，可稱致安的術。仁之所務、在於求安，但求之必以其道。求而不得其道，則所得可能與所求相反。例如父母溺愛子女，有求必應，遇有過失，不但曲予寬恕，且爲之多方廻護。溺愛過甚，卒使子女養成惡習而流爲不良少年。故爲父母者、子女有所求，必衡之以義，應許則許，不應許則拒，子女有過失，亦衡之以義，可恕則恕，不可恕則責。能以義方爲敎，方能敎養出好的子女。就此一情形而言，仁是受制於義的，但反過來看，則義亦受制於仁。義是通往安寧的正道，專供求安的仁在其上行駛，除仁以外，任何事情都不得在其上行駛，且仁外的事情亦不欲在其上行駛，因爲仁外的事情所欲趨赴的、不是安寧，故必另擇他道。假若仁外的事情而亦在其上行駛，則失其所以爲義而應歸入不義之列了。所以仁與義、互相限制，仁必有合於義，始成眞正的仁，義必有合於仁，始成眞正的義。仁義交融，乃成諸般道德。

仁必合義，義必合仁，故仁義二字亦可合組爲一名，其意義則爲適宜的愛。因其以愛爲因素之一，故不尙苛刻，又因其以適宜爲因素之一，故亦不尙放縱。仁義不偏於苛刻，以免人之日夜危懼而手足無措，不偏於放縱，以防人之肆無忌憚而擾亂秩序。仁義斟酌於苛刻與放縱之間，不偏不倚，其所懸以爲目標的、在消極方面、是人人不敢胡作妄爲，在積極方面、是人人得享安寧的幸福。關於仁義在政治上的措施、論語子路篇載有孔子所揭示的一條基本原則：富而後教。富、所以充裕人民的生活，以遏止「饑寒起盜心」現象的發生，教、所以端正人民的心理，以杜塞「飽暖思淫慾」現象的發生。孟子、荀子、亦同此主張。有人把仁義視同姑息，實爲甚大的誤解。仁義不縱容罪惡，且亦不廢棄刑戮。論語顏淵篇載：孔子告季康子道：「子爲政，焉用殺！子欲善，而民善矣」。孔子這一番話的重點、不在於「焉用殺」，而在於「子欲善，而民善矣」，與上二章內所說的「子帥以正，孰敢不正」及「苟子之不欲，雖賞之不竊」、同其用意，意在諷其以身作則，俾人民有所取法。論語子張篇又載有孔子的一句話：「不教而殺謂之虐」。孔子所視爲虐的、是「不教而殺」，則教之不化而後殺，非必爲孔子所視爲虐。以此爲參考，更可見孔子對季康子所說、不是無保留地反對殺，而是要季康子先以身教感化人民。孟子在盡心上篇內說道：「以生道殺人，雖死不怨殺者」。依孟子此言，除害去惡，亦足爲生道之一，可見孟子亦未以刑戮爲絕對不可。荀子臣道篇云：「奪然後義，殺然後仁」。應奪而奪，不但不爲不義，反可轉而爲義，應殺而殺，不但不爲不仁，反可轉而爲仁。故奪與殺、有時且爲弼成仁義所必需。禮記檀弓上篇引曾子語：「君子之愛人也、以德，細人之愛人也、以姑息」，仁義之不同於姑息、更昭然若揭了。

再次說功的意義。功、有所事成就的意思，亦有勞苦所獲致的意思，故依類似聯想的作用，成功二字可以連用，功勞二字亦可以連用。功、是罪之反，又是過之反，含有非罪非過的意思，故依反對聯想的作用，功罪二字可以連用，功過二字亦可以連用。綜合上述的意思，功、可釋爲努力所得的良好效果。所由得的途徑、與意義沒有重大關係，不妨予以省略，故亦可簡釋爲良好的效果。效果上用了良好這一形容詞，固已爲效果劃定了範圍，效果而不良好的，自不得稱之爲功。但此一限制、猶嫌不够明確，有啓人誤會乃至曲解的可能。因爲良好與否、是依據某一標準所衡定的價值，所依據的標準不同，則其所衡定的價值便會隨以有異，甚且相反。故與其單說良好，不如連那依以認爲良好的標準一併說出來，以減少誤會與曲解。在道德上、人生安寧是究竟的標準，爲人人所應依據。故所謂功、應釋爲有裨於安寧的效果。一經如此解釋，則凡有害於安寧的，只配稱爲罪，不得稱爲功了。故小而言之，必如修橋補路有裨於行走的安寧，大而言之，必如掃蕩流寇，有裨於生活的安寧，纔得稱爲功。功是一個美名，自古以來，爲人所稱道。古人所說的三不朽、立功即居其一。孔子亦用功字爲讚美之辭，如論語泰伯篇所載的「大哉堯之爲君也……巍巍乎其有成功也」，如陽貨篇所載的「敏則有功」。孟子亦重視功，如梁惠王上篇所載的「今恩足以及禽獸而功不至於百姓者，獨何與」，又如公孫丑上篇所載的「故事半古之人，功必倍之」。但董仲舒則說：「明其道不計其功」，一若功是無足重輕的，甚或以功爲不足重視。董仲舒所說的功、當係專指非功之功，有其特殊的意義，否則他的這句話、便難於理解了。

非功之功、謂自其實質言之，本不應稱爲功，徒因詞彙不足，或認識不清，或有意顚倒是非，而竟濫稱爲功，是冒充的功，不是眞實的功，試舉數事以爲例。盜匪結黨成羣，打家刼舍，搶得大批財物，奏凱而歸。回到賊窩，設宴慶功，推奮勇先登或搶獲最多者以爲首功。盜匪志在刼人財物，故滿載而歸，在盜匪看來，獲致了良好的效果，應可稱之爲功。但此種行徑、擾亂了社會的秩序，破壞了居民的安寧，是一種甚大的罪惡。此種以罪爲功的功、無以名之，姑名之爲僭功。僭、原是以下僭上的意思，盜匪以罪僭功，冠以僭字，容或足以揭露其實質。次如中小學校的惡性補習、亦足爲例。厲行惡性補習的學校、其畢業學生考入高一級學校的比率較高，短視的人們遂譽其成績卓著，甚且推爲學校的模範，紛紛爲其子弟謀入各該學校。惡性補習、除了注重高一級學校入學考試的科目以外，忽視其他科目的重要性，破壞了四育均衡發展的精神。強迫學生偪促於補習材料的死記，晝夜忙碌，不得休息，旣損傷其身體的健康，亦阻塞其思考力的發展。如實言之，是教育上的一大罪行。短視的人們、因其升學率之高於他校，遂用功字以譽其所得的效果，則其所謂功、只是虛功而已。所謂虛功、意卽虛有其表而無其實的功，不僅無實，且有害於眞實的功效。揠苗助長，是虛功的最好寫照，非徒無益，而又害之。再次可以爲例的、是一種近功。所謂近功、卽言只求有助於當前難關的通過，不恤貽後來以無窮的禍害，當事者方自以爲得計，短視的評論家或亦譽之爲有功，實則是一種不可寬恕的罪行。中國古來的政治思想、莫不以藏富於民爲要務，而以橫征暴斂爲罪惡。正因聚斂超過了民力所能負擔，雖可充實府庫於目前，但民力因而疲敝，百業因而凋零，一旦稅源枯竭，歲入更將短絀而不足於用。貪圖近功而不顧後患的事例、時常可以見到。竭澤而漁，可爲近功的最好寫照，當前雖所獲甚豐，此後則將一無所得。故貽患於後的近功、只是非功之功。「明其道不計其功」的功字、當係專指這些僭功虛功近功等而言，不兼攝有裨於安寧的效果。必如此解釋，其言方能有合於理。

末了，就利的意義、試作簡單的說明。依照一般通行的用法，利是有所得的意思，故得與得字聯結爲利得一詞，或是未得時便於獲得的意思，故得與便字聯結爲便利一詞。利是害之反，故又得與害字並稱。利字在古籍中、有用作義字的同義詞的，如易經乾卦文言云：「利者、義之和也」。有用作義字的對立詞的，如論語里仁篇所載孔子語：「君子喻於義，小人喻於利」，又如孟子梁惠王上篇所載的「王！何必曰利，亦有仁義而已矣」。荀子在榮辱篇內所說「先義而後利者榮，先利而後義者辱」、亦可視作以利爲與義對立的一例。後世有些儒家，更進而以義與利爲兩不相容，義必非利，利必非義，言義必排斥利，言利便喪失了義，連易經所說的「利者、義之和也」亦無意顧及。董仲舒所說的「正其誼不謀其利」、頗有此種氣息。試細察孔子關於義利所垂示的全部言論，不難了悟，孔子並未以義與利爲兩不相容。論語憲問篇載有孔子的一句話：「見利思義」，季氏篇又載有孔子的「見得思義」一語。這兩句話、意義相同，教人在看見了利得的時候、必須先想一想，這利得是不是合於義的，若是合於義的，儘可取得，不合於義，便應放棄，並非教人一見了利，便應掉頭不顧，連義不義都不屑去考慮。依孔子這兩句話加以推測，在孔子的心底、一定是把利分爲兩種：一是合義的利，一是不合義的利，義與利有時是可以相兼的。「君子喩於義，小人喩於利」，亦當依此一精神來解釋，謂君子重義，不關心利與不利，義而又利，固當努力去做，義而不利，同樣亦不敢怠忽，非謂君子只要義，不要利，一定要把利一脚踢開，纔算保全了義。小人重利，只要有利，不管合義與否，都孜孜以求。孔子說到利，有時出以奬勉的口吻，其所指係合義的利，如論語子張篇所載的「因民之所利而利之」。有時出以鄙棄的口吻，其所指係不合義的利，如里仁篇所載的「放於利而行，多怨」。孔子分利爲合義與不合義兩種，確是切合事實的明通見解。現代講到利，亦分正當利得與不正當利得兩種，正當利得受法律的保護，不正當利得則爲法律所禁止，與孔子垂示者正相符合。從道德的觀點看來，正當利得是有裨於人生安寧的，是應當求而不捨的，可以簡稱爲正利，不正當利得是有害於人生安寧的，是應當捨而不取的，可以簡稱爲邪利。

通常說到利，有公私之別，又有小大之分。一個人或一個小集團的利、稱爲私利，多數人或社會國家的利、則稱爲公利。公與私、不足爲正與邪的分別標準。公是積私而成的，非於諸私以外、別有所謂公，散之則爲私，聚之則爲公。社會亦是個人所集合而成的，非存於衆人以外。衆人的私利積聚起來，便成公利，如何得以公私分別正邪！私利之中、有正有邪。從事於正當工作，如受雇於正當業務的機構，以換取正當報酬，雖是私利，却不得謂之爲邪。且藉正當的薪給以自食其力，並以仰事俯畜，正是人人應盡的義務，其所得之爲正、當爲任何人所首肯。必如充當賭場的保鏢，所業不正，或如辦理公務而收受賄賂，所得不正，如此的私利、纔是邪利。公利亦非必盡正而不邪，帝國主義者吞人土地，吸人膏血，其國雖因此獲享厚利，但自整個人類的安寧看來，有害無益，亦只配稱爲邪利而已。

大與小、亦不足爲正與邪的分別標準，小利有正有邪，大利亦然。且有些大利、是積聚小利而成，若謂小利必邪，大利必正，則積邪可以成正，應非理所能許。先說小利之有正有邪。商人某甲、薄利多賣，就每一件商品而言，獲利甚微，眞可謂蠅頭小利，但因其交易至極公平，所得確爲正利。且因其賤賣，買者樂於照顧，生意興隆，積少成多，亦可因而獲致大利。另一商人、只圖目前的暴利，不顧持久的信用，以高級貨的價錢出售低級的貨品，欺騙顧客，所得自非正利。顧客受騙以後，不再上門，大利亦因而幻滅了。次就大利而言，如上述某甲的薄利多賣、積日既久，獲致大利，其所得可稱正利。至如走私販毒、所獲雖豐，其爲邪利、無庸贅說。

上面說明了仁義功利四名的意義。依照這些意義以觀仁義與功利間的關係，其關係如何、當甚易於了解。仁是求安的意志，義是致安的途徑，功是有裨安寧的效果，正利是有裨安寧的收穫。懷着求安的仁心，不涉邪念，走上致安的義路，不入岐途，試問：其所收穫的、將爲何等樣的效果？其爲維護安寧增進安寧的效果，其爲眞功與正利，應是必然的答語。行事之不能獲致眞功與正利、必因任事者根本不懷有仁心，或雖懷有幾分仁心，却不能勝過其同時存在的邪念，或因任事者知識不足，思慮不周，其所選定的途徑並非眞正的義路。例如建築工程、主其事者在建屋以利民居的美名掩護之下、欲乘機攫取一筆巨款，以飽私囊，則必偷工減料，草率從事，所建必旣不堅固，亦不適合衞生。或雖不存乘機發財的邪念，只因設計不精，施工有誤，亦會釀成不堅固不衞生的後果。故行事之不能致眞功與正利、必因仁有未至，或因義有未盡。設能仁至而又義盡，則功利之隨以俱來，有如影之隨形，雖欲揮之使去，勢必有所不能。反過來說，仁義之所以足貴、因其後果之必爲眞功與正利。若其後果不一定如此美滿，則仁義與不仁不義、在價值上將無可分別了。故謂仁義的目的不在他事，只在於求得眞功與正利，亦非過甚之辭。所以提倡仁義而排斥功利，有如加意維護形的存在，却不許影之隨至，在理論上殊難說得通順，在事實上亦必無從實現。若謂所排斥的、原係專指虛僞的功與不正當的利，不兼攝眞功與正利，則應分別言之，不可籠統論斷。泛言功利而不加限制，以偏概全，在理論上不得謂為正當，在行事上甚易發生不良的影響。

籠統地以功利為應受重視、與籠統地以功利為應予鄙視、固同屬以偏概全，同足以誤人誤事。但前者誤人誤事的可能性較小，後者誤人誤事的可能性較大。例如讀論語讀到「敏則有功」，不會把功字誤解為僭功或虛功。又如長官訓勉僚屬：辦事必求有功與利，聞者不會把功字解作虛應故事與裝點門面之意。利字雖較易誤解，但若有人解作長官勉其僚屬收受賄賂，則同事必笑其無稽。設或長官訓勉僚屬：辦事不求功利，則聞者必駭然驚異，且疑其精神不太正常。其所以如此、因為在常人的用語中、功字只解作有裨安寧的效果，不作他解，其以僭功為功，出於立場的特殊，以虛功為功，出於認識的不清，都不是正常的用法。利字因其為害字弊字的相反詞，故用作無害無弊的意思者較多，用作有害有弊的意思者較少。單說一個利字，令人想到正利，比諸令人想到邪利，較為容易。思想家中、有鄙棄功利而同時亦鄙棄仁義的，其故何在、足供貴仁義而賤功利者的長思。

第九章　諸德成美的條件

本章章名所說、容或有人疑其不詞，以爲旣稱爲德，已經是美，德字之中原已含有美字之義，何待德外的條件導其成美！如忠與勇、一說到忠，卽已表示其爲美德，一說到勇，亦已表示其爲美德，否則忠臣勇士又何足稱道！此一非難、有其道理，但因在日常的用語中、往往德與非德同用一名，致使有些人誤認非德爲德而淆亂了是非。例如看見流氓打架，打得頭破血流，猶不住手，而竟稱之爲勇。本章主旨、在於闡明：就忠與勇的本義而言，尙不足稱之爲美，必待有所增益，方成美德，並進而硏討其所須增益者之爲何事。其於諸德的本義以外所須增益者、稱之爲成美的條件。如就勇而言，勇字本身所含攝的意義、只是敢作敢爲。故敢作敢爲、可說是勇的本義。敢作敢爲、固不能謂之爲惡，但亦不能謂之爲善。敢作敢爲、在價値上、是中性的，不定是善，亦不一定是惡，是可善可惡的。故籠統地提倡勇，讚美勇，在理論上則爲皂白不分，在行事上則帶有甚大的危險性。以勇教人而不爲之剖析淸楚，受教的人幸而用之於當勇的事情上，如改過，如捕盜，則成美德，不幸而用之於不當勇的事情上，如文過，如搶刼，便成惡德。勇豈是必善的！此一道理、一讀論語所載孔子有關勇的言論，卽可了然。陽貨篇載：「子路曰：『君子尙勇乎？』子曰：『君子義以爲上。君子有勇而無義，爲亂，小人有勇而無義，爲盜』。泰伯篇與陽貨篇又載有孔子的「勇而無禮則亂」與「好勇不好學，其蔽也亂」兩語，其意義正與相同。「有勇而無義」、「勇而無禮」、即是敢作敢爲之不適合於成美條件的。不適合於成美的條件而猶敢作敢爲，結果所屆，必爲亂爲盜以攪擾社會的秩序與安寧，而成爲惡德。由此可見：敢作敢爲而不加以限制，單靠其自身，是不能成爲美德的。敢作敢爲成美條件之爲何事、「有勇而無義」與「勇而無禮」二語、已有所提示，爲政篇所載的孔子語：「見義不爲，無勇也」、更明白揭示了勇的成美條件。「見義不爲，無勇也」、依理則學直接推理的規定，易位則成：勇非見義不爲，易質則成：勇是見義敢爲。此一易位易質以後所得的判斷、可說是孔子對於美德的勇所作的定義。在此定義之中、含有兩個成分：一爲見義，一爲敢爲，以見義範圍住敢爲，令其不得逾越。故「見義」可說是勇的成美條件。孟子公孫丑上篇引曾子語：「吾嘗聞大勇於夫子矣。自反而不縮，雖褐寬博，吾不惴焉。自反而縮，雖千萬人，吾往矣」。自省其曲在我，則對方雖是一個卑賤的人，我亦不敢惹他。其曲在彼，則對方雖人多勢大，亦必與之計較。以曲直決定敢爲與不敢爲，可謂發揮了孔子的遺意。呂氏春秋當務篇載有一則故事：「齊之好勇者、其一人居東郭，其一人居西郭，卒然相遇於塗，曰：『姑相飲乎！』觴數行，曰：『姑求肉乎！』一人曰：『子、肉也，我、肉也，尙胡革求肉而爲！』於是具染而已，因抽刀而相啖，至死而止」。此一故事、其眞實與否、姑置不論，割肉相食，其敢爲精神、誠足令人驚歎，其不合於義、亦足令人鄙棄。呂氏春秋於述此故事後、作結語云：「勇若此，不若無勇」，確屬至當的評斷。

不但勇德必須有合於義而後始成其爲美，其他諸德亦莫不然。論語子路篇載：子貢問：怎樣纔可以算是士？孔子答覆後，子貢請問其次，又請問其再次，孔子答道：「言必信，行必果，硜硜然小人哉！抑亦可以爲次矣」。「言必信」、謂有所約諾，必堅守不渝，「行必果」、謂有所從事，必貫徹到底。如此的人、孔子爲什麼將其列爲士的第三等，且鄙視之爲小人？孟子離婁下篇有一段話，可引以說明孔子的此一論斷。「孟子曰：『大人者、言不必信，行不必果，惟義所在』、意謂所諾之應否堅守不渝與所事之應否貫徹到底、應當依義來決定。堅守與貫徹而有合於義，則應堅守，應貫徹，不合於義，便不應堅守，不應貫徹。孟子以此爲大人應有的態度，恰好足以說明孔子之以「言必信，行必果」爲小人。故依孔孟的垂示，信與果本身、不一定是美德，必待有合於義而後始成其爲美。如此分析立論，於理最爲精確，應爲人人所取法。故與人約期搶刼，臨時不去參加，設計謀害他人，中途停止進行，不信不果，反是道德所應爾。

諸德必須有合於義，方成其爲美，故義是諸德成美的條件。至於如何始能謂爲有合於義、其道不一，故義只是成美條件的總稱，析而言之，可得數目，分述如下。

㈠所繫正大　這是諸德成美的第一關，所繫正大，纔成美德，所繫不正大，便成惡德。此一條件易爲人所忽視，時常有人以德的美名稱呼不德的言行而令人發生錯覺。爲了喚起大家的警惕，故以之爲首要的條件。所繫一詞、稍涉生疏，有略作說明的必要。此詞採自荀子的勸學篇，其文曰：「南方有鳥焉，名曰蒙鳩，以羽爲巢而編之以髮，繫之葦苕，風至苕折，卵破子死。巢非不完也，所繫者然也」。鳥巢本甚完固，因所繫之不够堅實，卒至招來卵破子死的災害，以反映所繫之必求其堅實，以喻言行所本之必求其正大。諸德各有所繫，如鳥巢然，所繫而堅實，則穩定而成美德，所繫而脆弱，則危殆而成惡德，亦如鳥巢。如忠、單說一個忠字，不說及其所忠之爲何事，總嫌意猶未盡，且亦無從衡量其價値，必待說出其所忠，如忠於朋友或忠於盜魁，其意方盡，始可據以作價値的評論。朋友或盜魁、卽是忠的所繫。所繫旣明，價値亦可隨以評定，忠於朋友，可稱爲善，忠於盜魁，則只能稱之爲惡。又如勤、亦必待說出所勤之爲何事，如勤於讀書或勤於賭博，其意始盡，而價値衡量的依據亦始由以獲致，勤於讀書之爲善與勤於賭博之爲惡、遂亦甚易論定了。故如實言之，忠與勤、卽其本身而言，是無善無惡的，及其有所繫，始有善惡之可言。故美德之所以爲美、出於所繫之爲正大，所繫不正大，雖如忠如勤、其名甚美，亦徒見其爲惡行而已。此云正大、意卽有裨於人生的安寧。故捨諸德的所繫而言諸德的美惡，不僅爲不切實際的空論，且易導人誤惡爲善以走入岐途。故德的所繫、是我們所最當注意。

莊子胠篋篇載：「故盜跖之徒問於跖曰：『盜亦有道乎?』跖曰：『何適而無有道邪

！夫妄意室中之藏、聖也，入先、勇也，出後、義也，知可否、知也，分均、仁也。五者不備而能成大盜者，天下未之有也」。常人不注意德的所繫，自不免以入先爲勇，以出後爲義，以分均爲仁。若與所繫一併考慮，便會發見其非可輕易論定。盜跖本人是一名大盜，以搶刼爲業，自不會以搶刼爲可恥，更不會以搶刼爲不正大，故在他看來，縱與所繫合併考慮，入先確是勇，出後確是義，分均確是仁。但在我們不是盜跖之徒的人看來，搶刼是一件破壞安寧而甚不正大的事情，先他盜而入，率衆搶刼，不應稱以勇的美名，後他盜而出，掩護惡徒，不應稱以義的美名，分配縱甚均勻，所分總是贓物，亦不應稱以仁的美名。故評斷言行的美惡、不與其所繫合併考慮，則盜徒的出後與分均、我們亦且與盜徒同許其爲仁義了。所繫之不可忽視、於此益可顯見。仁義是美名，盜徒遂亦竊用，以自文飾，以亂他人的思慮。美名不可以假人，我們應當愼防他人的竊用。所可惜者、詞彙貧乏，不敷應用，以美名稱呼惡行的情形、不免時或發生。例如幫會分子、急難相助，雖爲非作歹，而以義爲號召，世人不察，亦稱其頗重義氣。濫用美名，足以長惡人的氣燄，所以評斷用語，不可以不愼。

追究所繫，應當窮追到底，不可淺嚐卽止。因爲淺嚐卽止，未得眞相的全貌，遽下斷語，難期精審。上文舉例，以忠於朋友及勤於讀書爲善，只追究到忠的所繫之爲朋友與勤的所繫之爲讀書，未進一步追究朋友之繫於何種人品與書之繫於何種內容，猶嫌浮淺，不夠深入。朋友之爲名、只表示了彼我間之有交誼，未透露其人品如何。必其人品端學粹，志趣純潔，方值得貢獻我的智慧與能力，相與砥礪，若其人居心不正，敢於作惡，則只應追悔當初的建交，豈可復爲之竭盡心力以助其爲非！故必忠於益友，其忠纔有價值。勤於讀書，亦非必善，應勤與否、當依其所讀之爲何種書籍而定。所讀若果足以益智勵行，則其勤爲善，所讀若是一些誨淫誨盜的作品，則其勤爲惡。勇於負責，通常用作譽辭，但其所負之責、若爲妓院的保鑣，或爲賭場的把風，則有勇不如無勇。孟子滕文公上篇所說的「分人以財，謂之惠」、其善其惡、亦有依其所繫以分別論定的必要。其人本亦勤於正業，因病而陷入困境，贈予金錢，以資治療，則分財自是美德。若其人不務正業，耽於淫樂，贈予金錢，徒供其揮霍，而使其人陷溺益深，則分財反成惡德了。

㈡無過無不及　此一道理、得自孔子所垂示的「過猶不及」，亦是諸德成美的重要條件。論語先進篇載：「子貢問：『師與商也孰賢？』子曰：『師也過，商也不及。』曰：『然則師愈與？』子曰：『過猶不及』。子貢聽了孔子的答語「師也過，商也不及」以後、發生疑問：是否過者賢於不及者？孔子乃告以「過猶不及」，謂過與不及、猶二五之與一十，不能據以判別其優劣。過與不及之間、其距離可能甚大，且不及必費力較少，過必費力較多，兩者大有差異，何故可以謂爲相等？此云相等，不是就距離說，亦不是就用力說，是就效用說的，謂過與不及同樣不能收穫實效。試舉淺顯的事例以助說明。有一種可稱為投環的遊戲，豎立二三尺高的木桿一枝於地上，以為目標，投者把手中所持的竹環或籐環向之投出，以套上木桿為及格。今設投者的站立處與目標的木桿、相距十尺，第一次用力較小，投出去的環到了九尺五寸處便落下，未能套上木桿，沒有到達目標，故是不及。第二次用力較大，投出去的環到了十尺零五寸處，纔落下來，亦未能套上木桿，超越了目標，所以是過。在這兩次投環中、投者用力的大小、有些不同，環的飛行距離、亦不相同，故就這些方面說，過與不及顯有不同，不能謂為相等。但兩次都未套上木桿，都未能收穫投中的效果。故就效用方面說，過與不及是相等的。孔子所云「過猶不及」、係指效用的有無而言，謂不及、固不能奏效，過、亦同樣不能奏效。由此推之，欲發揮效用，既不可以過，亦不可以不及，亦即必須做到無過無不及的程度。言行而欲收穫美滿的效果，亦同此理，小而言之，如飲食，大而言之，如管教子女，莫不皆然。飲食太少，則營養不足，太多，則有傷腸胃，必無過無不及，方能維護身體的健康。有些父母，視子女為至寶，飲食起居、照顧已盡其能事，猶恐有所疏忽。子女有所要求，不論可許與否，一一依順，猶恐未能盡愜其意。子女犯有過失，不但曲為寬恕，且多方安慰，猶恐其有損歡樂。如此溺愛的結果，勢且養成子女驕縱的壞脾氣。亦有少數父母，或因自貪舒適，或因生性冷淡，對於子女、不但未有提攜捧負的親熱表示，甚且飲食起居、悉聽自理，不加照顧。子女有所請求，不管其應許與否，一一加以拒絕。子女偶犯小過，亦不問其可否原諒，總是加以嚴厲的斥責。如此冷待，子女因爲享受不到家庭的溫暖，極易養成怪僻的壞脾氣。驕縱與怪僻、都不是健全人格所應有，都不是管教子女所期待的成果。溺愛是愛的過甚，足以養成驕縱，冷待是愛的不及，足以養成怪僻，故過與不及、都不是管教子女的正道。必無過無不及，飲食起居、子女力能自理者，着其自理，不爲代勞。請求之可許者、許之，不可許者、拒之，過失之可恕者、恕之，不可恕者，責之。必如此，方有養成子女健全人格的希望。又如與人交際，理應態度謙恭，不可謙恭不足而流於傲慢，亦不宜謙恭過甚而流於諂媚，無過無不及、纔是正道。

「過猶不及」的過與不及、註家都釋爲「不得其中」或「失中」，所以無過無不及、可用一個中字來爲其概括的名稱。此所云中、不是中間的中，是中肯的中。中間的中、是固定的，例如任何一條直線、居於其全長二分之一處的點、是該線的中。中肯的中、是隨事轉移而不固定的。試再以投環爲例。當投環者的站立處與目標的木桿相距十尺時，環落在十尺處而套上了木桿，是中。投環者前進一尺，與木桿相距九尺，環仍落在十尺處，套不上木桿，則不是中，而是過了。若投環者後退二尺，與木桿相距十一尺，而環依然落在十尺處，則不是中，而是不及了。同爲落在十尺處，或爲中，或爲過，或爲不及。故中、非有固定的位置，而是隨着當時的情勢而變動的。言行上的所謂中、亦同此理，如言管教子女、必須寬嚴得中。所云寬嚴得中、非謂半寬半嚴，其眞意當爲應寬則寬，應嚴則嚴，不執着於寬，亦不執着於嚴。子女無意中犯了過失，則處置不妨從寬，有意搗亂，則處置應當從嚴，子女而性情頑劣，管教應稍偏於嚴，子女而性情柔順，管教應稍偏於寬。與他人應接，不論所應接者之爲前輩或後輩，都應態度謙恭，但謙恭的程度、應有小異。應接前輩，謙恭的程度應較高，應接後輩，謙恭的程度應較低。以應接後輩的謙恭態度應接前輩，不可謂爲中，以應接前輩的謙恭態度應接後輩，亦不得謂爲中。

㈢通權達變　欲言行而無所失誤，除了遵守常理以外，還有通權達變的必要。關於通權達變、在古人中、孟子說得最爲剴切。離婁上篇載：「淳于髡曰：『男女授受不親，禮與？』曰：『禮也。』曰：『嫂溺則援之以手乎？』曰：『嫂溺不援，是豺狼也。男女授受不親、禮也，嫂溺援之以手者、權也』，這是有名的經權之辯，充分發揮了孟子通權達變的精神。男女授受不親、是當時社會上的常禮，爲人人所必須遵守。所謂男女授受不親、即言男女之間有所授受，不得一方親手交而一方親手接，授者須把所欲交的物件放置几上或其他處所，受者始得從所置處取其所受的物件。授受相親，雙方的手與手兩相接近而已，其間尙隔着授受的物件，並不互相接觸。至於援之以手，則援者的手必須與被援者的手臂相接觸。兩相接近，已屬越禮，兩相接觸，則越禮更甚，更應在不可許之列了。孟子是崇禮的，故淳于髡假設此一事例以難之。使孟子而爲迂儒，必且以爲不當援之以手，除了奔回家中，請其兄或母姊前來援救以外，別無他法。孟子究竟是一位通儒，所以直捷了當地答覆道：「嫂溺不援，是豺狼也」。推孟子之意，男女授受不親、是常禮，在從容不迫的情形下、是人人所當遵守，嫂叔亦不例外。嫂溺是一件變起倉卒的事情，援救稍遲，便有溺斃的危險。在此危急的情形之下、及時援救，自屬當務之急，若以手援救而爲最近便且最能奏效的方法，自當毅然決然援之以手，不容拘執男女授受不親的常禮而延緩其援救的行動。常禮之所以足貴、因其處理經常的事情未或失當，一遇變異的事情而喪失效用，自當改絃易轍，另用他法以求收穫善果。孟子所說的權、卽是在常法不能收效時、改用其他足以收效的方法，以補常法的不足，以杜拘執的弊病。所以權的用意、亦在於致善。與以常法處理經常事情者、其目的完全相同。公羊傳桓公十二年云：「權者、反於經然後有善者也」，可說是權字簡明而又恰當的定義。依此定義，權之爲用、受着兩層限制：其一、必須以致善爲目的，其二、必須確有致善的功能，因爲權之所以見用、原以常法在特殊情形下不適於用，乃謀變通以適於用。常法以致善爲目的，在經常情形下且具有致善的功能，權既用以代替常法，自當與常法同其目的與功能。故凡不以致善爲目的、或沒有致善功能的、都不足稱之爲權。權以致宜爲任務，故有權宜之稱。

世間事情、有常有變。雖常者居多數，變者居少數，但既有變者，便不能不謀所以應付，不能因其不常見而置之不問。經常的事情、時時在發生，時時在應付，所用方法、歷經改善，已成爲有效的常法。故應付經常的事情，只要遵循成規，便可沒有失誤。變異的事情、不常發生，故不常應付，因而沒有應付的成規。所以一遇到變異的事情，必須了解事變的性質，運用思慮的能力，臨時設計一套方法，以資應付。設或了解有欠精審，思慮有欠周密，應付便不能得當而釀成災害。故大體言之，應付經常的事情、較為容易，應付變異的事情、較為困難。正因此故，荀子把應變視為一樁大事，把應變得當視為一件大本領。儒效篇云：「其持險應變曲當……是大儒之稽也」，非十二子篇亦云：「宗原應變，曲得其宜，如是，然後聖人也」。

說眞話之為善與說謊言之為惡、是古今中外所公認的。但若不知通權達變，則在某種情形下，說眞話會轉而成惡，知道通權達變，則在某種情形下、說謊言會轉而成善。試設例以明之。小而言之，如某甲贈於某乙的那件禮品、實非某乙所喜歡，甚且頗覺厭惡。某乙若告某甲以實情，則徒使對方不安，若詭稱合其所好，則對方可以感到安慰。在此種情形下、實話反非人情所應出，謊言反為禮貌所必需。大而言之，主治的醫師對於垂死而神志猶淸的病人、告以危急的實況，不但無補於醫療，反足以速病人的死亡，故為醫德所不許，詭稱病有轉機，靜養當可漸愈，雖不能使病況轉危為安，卻可使病人稍安片刻。故醫師的如此詭言而不實告，正是醫德所要求。更大而言之，參與國防機密的人、對於軍力的佈置與裝備的良窳、當然知之甚詳，經人詢及，若一一據實以告，洩漏機密，其罪至大，為國法所不容，唯有明知而偽稱不知，方可謂為盡其職責。所以實說有時反不及謊言之有價值。惟於此有須嚴加分辨者，必謊言所能貢獻於人生安寧的、比諸實說所能貢獻的，確屬更大，方可從權說謊，否則說謊便為罪惡。故謊言以騙取他人的財物，虛報政績以邀賞，均屬罪在不赦，不得諉為從權以自文飾。

㈣設身處地　與人相處，欲有所說或有所為的時候、最好先代對方想一想：聽了如此的說話，見了如此的舉動，將有如何的感想，將作如何的反應。假若對方聽了見了，心境仍可保持其寧靜，或且更進一步，能感到愉悅與歡樂，則在不失自己身份的範圍以內，可以說，可以做。假若對方聽了見了，心境會喪失寧靜，甚或會感到悲傷或憤怒，則除了別有不得不說與不得不做的原因以外，以不說不做為宜。設身處地、卽指此種事先為對方的設想而言。關於設身處地、孔子孟子各有所垂示，都足為後人所取法。論語衞靈公篇載：「子貢問曰：『有一言而可以終身行之者乎?』子曰：『其恕乎!己所不欲，勿施於人」。孟子離婁上篇云：「所欲、與之聚之，所惡、勿施爾也」。此二說之中、孔子所說，尤易實行，只要肯做，沒有做不到的。

孔子所說的「己所不欲，勿施於人」、有兩點特徵：其一、依據己所不欲以定不施的範圍，其二、只說及消極方面的不施，未兼及積極方面的施。己所不欲、是自己所能直接認識的，且認識得非常確實，不會有含混或錯誤的弊病。言行的得當與否、難在辨析。己所不欲、辨認既易，以之付諸實行，自更不會遭遇困難。就大體而論，人同此心，心同此理，故自己所不欲的、大抵亦為他人所不欲。例如侮辱是自己所不能忍受的，擴展此念，不以侮辱施諸他人，以免攪擾他人心境的寧靜，則言行自不致於失當。他如自己的名譽不願受人毀謗，自己的財產不願遭人侵蝕，推此心以對待他人，不毀謗，不侵蝕，便不失為有德的君子。就細節而言，人心不同，各如其面，自己所不欲的、可能正是他人所欲的。例如有人不耐吃辣的食物，有人則甚愛吃。今設不喜食辣的主人招待一位嗜辣的客人而未備辣醬，雖屬招待不周，但尚不致使客人忍饑而歸。故「己所不欲，勿施於人」，雖或有時令人失望，但不致令人煩惱。

孟子所說的「所欲、與之聚之，所惡、勿施爾也」、緊接上文「得其心有道」，原係就人君之得民心的道理立說，但亦可適用於個人之間。孟子此說的特徵、與孔子立言的特徵有異。所云「所欲」與「所惡」、是對方的所欲所惡，不是自己的所欲所惡，此其不同者一。兼說積極方面的施，不單說消極方面的不施，此其不同者二。對方的所欲與所惡、當其藏於心中時、我們無法直接窺見，必待其有所表示，而後始獲認知。認識他人的所欲所惡，較不容易，且各人的所欲所惡、又不一定相同，故施與不施的決定、比「己所不欲，勿施於人」，亦較不容易。當對方的人數不多、且可分別滿足其欲惡時、尚易於為力。例如知道客人之中、有嗜辣的，有不嗜辣的，則進以辣的與不辣的兩種食物，俾客人各擇其所好。若人數衆多，而欲惡又正相衝突，則頗費斟酌了。例如某種物產、生產者因開支不敷，必欲提高其價格的若干成，消費者因負擔已重，深惡其價格的提高，則主管物價的行政當局、無法兩面討好，只得衡情酌理，核准其小幅度的調整，既不完全滿足生產者的所欲，亦不完全忽視消費者的所惡。故孟子的主張、雖富於理想，但欲圓滿實行，有時不免遇到或多或少的困難。

「己所不欲，勿施於人」、其實行固甚容易，却不能毫無顧忌而不守限度。限度何在？在於不引起他方面重大的惡果。超越了限度，雖爲自己所甚不欲的亦不得不施之於人。例如關入監獄，喪失一部分的自由，是任何人所甚不欲的。假有刑庭的推事，堅守「己所不欲，勿施於人」的原則，對於罪證確鑿的犯人、一一判決無罪，或一一宣告緩刑，則惡人益可放膽橫行，而良民不得一日安居了。如此判案之爲失職、是無可諉卸的。「所欲、與之聚之，所惡勿施爾也」、同樣有其應守而不可逾越的限度。常人之中、幾於人人都以受到他人的諂媚爲樂，都以能够奴役他人爲快，若必以順應其所欲爲當務，則唯有盡情獻媚而供其奴役。但此種行徑、有損自己人格的尊嚴，不是道德所能許。故只有在限度以內、應當順應對方的所欲，超過限度，便不當仍作順應之計了。不樂於繳納稅捐而多方設法以求偷漏的、世間不乏其人，若「所惡、勿施爾也」而沒有限度，則國家勢且無稅可收，而庶政俱廢了。故設身處地之際，必先設想：施以所欲與不施以所惡的後果如何，他方面受其影響因而引起的惡果又如何，兩相比較，善大於惡，則可施以所欲或不施以所惡，惡大於善，則縱屬所欲，只好不施，縱屬所惡，亦不得不施。故善大於惡、可說是施與不施的限度。

㈤手段力求正當　所欲追求而達成的、通稱目的，所由以追求而達成的、通稱手段。有了目的，必須實施追求的手段，否則其目的無由達成。例如欲赴東城，必須向東行走，欲赴北郭，必須向北行走。若空有赴東城或赴北郭的目的而不舉步向東或向北行走，則目的地終於無由到達。同此一個目的，其追求的手段、可有多種。例如欲積聚財富，加倍工作以增多收入，節衣縮食以減少支出，購買獎券以期得獎，侵佔公款以飽私囊，劫人財物以爲己有，都足藉以達成目的。不過這些手段之中、有正當而可採取的，有不正當而不可採取的。上舉的五種手段、其第一第二兩種之爲正當而可採取、第三種之非不正當而不足恃、第四第五兩種之爲不正當而不可採取、是常識所公認，用不到贅說。手段的正當與否、足以影響其所達成者的正當與否。用正當手段所獲致的、大家都認爲正當的財富，用不正當的手段所獲致的、則稱爲不義之財，爲清議所鄙視，爲法律所當懲。關於手段之不可不力求正當、古代聖賢早已有所指示。論語里仁篇載：「子曰：『富與貴、是人之所欲也，不以其道得之，不處也」。以致富致貴爲目的，未爲孔子所斥責，但採用不正當的手段所獲致的富貴、則應當「不處也」，應當捨棄而不享有。既得之後、尚須捨棄，則追求當時之不可採用不正當的手段、自可不言而喻了。

有些事情、其目的相同，其所用以達成目的的手段、亦非完全不同，其主要不同處、只在於採取該項手段者之有無採取的資格。隨着此一不同，其成果的善惡便大相懸殊。此一情形亦可引以爲手段不正當的一例。小說中所描寫的俠盜、從富豪處搶得財物，除自己享用外，亦用以救濟貧民，雖有人表示同情，稱之爲刼富濟貧，然終不免是一種罪行。現代開明的政府、一方面征收各種財產稅捐，他方面實施救濟貧民的政策，挹彼注此，有類於俠盜的刼富濟貧，而大衆都譽爲德政。兩者所爲、同屬濟貧，故其目的可謂相同。強盜的刼富、是強迫性的，有其被刼者所不能抗拒的力量爲其後盾，政府的征稅、亦是強迫性的，亦有其納稅者所不能抗拒的力量爲其後盾。故在手段上、亦有其相同之點。但強盜的後盾是暴力，其行刼純屬無權的行爲，政府的後盾是法律，其征稅出於全民意志的授權。在此一點上、兩者大不相同。此兩種濟貧之所以一爲罪行而一爲善政、其關鍵卽在於此。孟子公孫丑下篇云：「今有殺人者，或問之曰：『人可殺與？』則將應之曰：『可。』彼如曰：『孰可以殺之？』則將應之曰：『爲士師，則可以殺之』。孟子這一番話、擴而充之，必權責所在而予以執行，方可稱爲正當，無其權責而擅自執行，便爲不正當。手段正當與否、足以左右所達成者的善惡，故手段正當亦爲成美條件之一。

關於手段之必須正當、孟子主張得非常徹底。滕文公下篇云：「且夫枉尺而直尋者、以利言也。如以利，則枉尋直尺而利，亦可爲與」。「枉尺直尋」、亦爲孟子所不許。孟子所揭示的、是原則，原則時或不能沒有例外。假有極重大極崇高的目的而亟待實現，又絕非正當的手段所能達成，不得已而利用不正當的手段，則未可依據常理以論定其爲惡。例如敵國入侵，其勢甚銳，抗戰勝利、是此時最重大最崇高的目的。欲此一目的臻於實現，探知敵方的軍事機密，實爲首要。但敵方的軍事機密、除了盜取以外，別無他途可以取得。此種盜取、其本質上的不正當、已爲目的的崇高所鎔化，不當依然謂之不正當了。所以我們一方面應當謹守手段必須正當的原則，他方面亦不可忽視不得已的不正當。

上擧的五項成美條件之中、所繫正大、最爲重要，其他次之。所繫邪惡而不正，則繫於其上的、如忠如勇、雖屬美名，亦成惡德，且愈忠愈勇，其爲惡愈大。故凡言行不合於所繫正大這一條件的、縱使合於其他條件，亦不能成其爲美。古語有云：「皮之不存，毛將安傅」，足爲我們的當頭棒喝。

第十章　美德與惡德的形似功異

有些美德與惡德、在形跡上頗相類似，在功用上則大相逕庭。孟子盡心下篇謂孔子「惡似而非者」，相似的很易亂眞，故形似而功異的、必須嚴加分別，不可任其混同。美德處仁履義，對於人生的安寧、可以有甚大的貢獻，應當力求其發展。惡德或不處仁，或不履義，對於人生的安寧、無益而有損，應當力阻其擴充。玆試就若干形似功異的德目、言其分別。

一、自尊與自大　自尊與自大，同屬自己看重自己，同以爲自己具有堂堂的人格，不甘受他人的輕視與汚辱。自尊的人懷有顏淵所說「舜何人也，予何人也，有爲者亦若是」（孟子滕文公上）的心情，以爲只要儘量發展自己的潛能，亦可以成爲知識豐富道德崇高的人，但不自以爲當時已經成了偉大的聖賢，亦卽未以當時的狀況爲滿足。平日愼言愼行，不敢胡作妄爲，深怕損害了自己人格的尊嚴。他人對於自己的言行有所訾議，則自加反省，自己的言行是否尙有缺失而不能見諒於人，有則改之，無則加勉。自尊的人亦尊重他人，與尊重自己相等，絕不以爲上天下地唯我獨尊。自大的人則異是，不知天高地厚，幻想自己是一個最了不起的人，別人都不足與之相比。自己所說的話、別人不能不信從，自己所做的事、別人不能不敬佩。若有人加以責難，則惡聲至，必返之，不能有所容忍。意得志滿，目空一切。自尊的人不以當時的知識德行爲滿足，不甘自棄，勤於進修，其前途光明，大有更上一層樓的希望。自大的人自視已經登峯造極，無意進修，遂亦不復有進步的可能。故人人必須自尊，切不可自大。

二、自謙與自卑　自謙與自卑、同屬不敢高視自己，同以爲自己的學行不及他人。自謙的人根據「學然後知不足」的經驗，深深體會到，學問浩如滄海，自己所通曉的、不過其中的一粟，微不足道。故居常虛懷若谷，在知識方面、他人有所指示，則竭誠接受，他人對於自己的行爲有所忠告，則努力改正。即使他人的指示與忠告、自覺其未盡妥善，亦不敢悍然拒絕，必待深思熟慮後仍覺其意有未愜，始敢擱置而不予採取。自己欲有所主張，不敢自以爲必是，必向前輩就正，或與同輩切磋，而後定其是非。自己的言行受到他人的稱揚時、雖可引以自慰而堅定信心，絕不引以自傲而不再圖奮發。不自滿，不自畫，勤於進修，故能不斷地進步。自卑的人、自問才智勢位都不如人，在學問上、在事業上、都無法與人並駕齊驅，更說不到與人競爭。自己有所見，不敢當衆主張，因怕所見幼稚而爲人所訕笑，更怕主張後有人反對而自己的辯才不足以應答。欲有所爲，亦怕獨力不能勝任，又怕得不到他人的共鳴與協助，只好擱置而不進行。自卑之極、事事只存退縮之念，不作進取之計，甘於自暴自棄，終於不能進步。所以我們只可自謙，不可自卑，須知天無枉生之材，只要奮發，必會有所成。

三、自由與放縱　自作主張，不受他力的干預，爲自由與放縱所同，自知檢束與不自檢束，則爲自由與放縱所由分。珍視自由，則不受成俗的拘束，不畏權勢的壓迫，衆人的所是所非、經過自己獨立的思慮，亦認爲是或非，則與衆人同其是非，不故意立異以鳴高。衆人所是而自己確認以爲非，則不憚違衆議而非之，衆人所非而自己確認以爲是，亦不憚違衆議而是之。個人的一言一行、雖甚渺小，但其影響未有不波及他人的。正如投石塊於水中，縱使那石塊的體積很小，亦未有不激起漣漪的。故欲有所言或有所行，必先推測其波及於他人的影響如何，必待確知其不會發生不良影響，而後始敢付諸言行。所以自由必須是經過理智的考驗而及格了的，若不經過考驗及格，不得謂爲自由。自由所尤須顧慮的、是對於他人自由的有無侵害。一個人的自由無限度地擴展，勢必侵害他人的自由。因爲他人的自由最足構成自己自由的障礙，不予排除，則自己的自由不能儘量發揮。但若各人互欲排除對方的自由，則衝突將無所底止，各人的自由亦且時時有受到侵害之虞而難保其安全。所以自由必須以不侵害他人的自由爲行使的限度。人人在限度以內行使自由，各人的自由纔能互不衝突，纔能各保安全。經過理智的考驗及格、是一層檢束，不侵害他人的自由、又是一層檢束。故必自知檢束，方爲可貴的自由，不自檢束，便流爲可鄙的放縱。放縱則不顧社會的毀譽，不恤道理的是非，高興喧嘩便喧嘩，高興罵人便罵人，一任感情的衝動而無所覊勒。社會上許多不安、皆由此而起。所以我們一方面應當尊重自由，他方面亦須愼防其流爲放縱。

四、愛護與姑息　禮記檀弓上篇引曾子語：「君子之愛人也、以德，細人之愛人也、以姑息」。愛護出於愛人之心，姑息亦出於愛人之心。愛護得其愛人之道，故能愛而利之，姑息不得愛人之道，故愛之適以害之。愛護者期望其所愛之人始終在正路上行進，不願見其誤入邪途，一旦不幸而發覺其誤入邪途，則必強迫其回頭，決不任其滯留，及見其復歸正路，心情始爲之釋然。姑息者亦期待其所愛之人始終在正路上行進，不願見其誤入邪途，一旦不幸而發覺其誤入邪途，則姑任其滯留，不忍強迫其退出，因恐強迫足以傷害其情緒，且飾辭自慰，日久厭生，必會復歸正路，不必強迫於當初。試以管教子女爲例。愛護者對於幼稚的子女、饑則親手餵以飲食，寒則親手爲之添衣，及其稍長，力能自飲自食，自己更換衣服，則責其自理，不復代勞，以逐漸養成其不依賴他人的習慣。子女需索金錢，必詳詢其用途，用途正當，則酌量其所需而與之，用途不正當，則拒而不與，且爲之說明其不與的理由。子女有過失，出於無心或初犯，則溫語告誡其不可再犯，出於有意或累犯，則嚴詞斥責，並施以相當的處罰。姑息者不但對於幼稚的子女、爲之餵食，爲之換衣，對於力能自食自換的子女、猶必餵之衣之，唯恐子女多所辛勞。子女需索金錢，不問其用途如何，有求必應，甚且所與超過所求，以供其揮霍，以增其歡樂。子女有過失，無論大小，不僅曲爲原有，且多方安慰，唯恐其有損愉悅。子女與他人爭吵，不問曲在何方，只知廻護子女，以助長其聲勢。故以愛護態度管教子女，可能養成其自尊，以姑息態度管教子女，必且養成其自大，一得一失，相距甚遠。

五、義變與佞巧　義變一詞、採自荀子不苟篇的「以義變應」，意謂隨着所應付事情的不同，變化其應付的方法以適其宜。故義變、卽是變而有合於義。孟子盡心下篇引孔子語「惡佞，恐其亂義也」，佞與義近似，足以亂義。佞以巧妙見長，故稱之爲佞巧。此時此地，則如此說，如此做，彼時彼地，則如彼說，如彼做，彼此之間、可以相去甚遠，甚且相反，這是義與佞的相同處。其相異處、在於一則處仁履義，一則違仁遠義。現在試各引一則故事爲例，以見其同異。孔子的因材施教、可爲義變的一項好例。論語先進篇載：子路與冉有先後問孔子：「聞斯行諸」？孔子對於子路、作了否定的答覆，告誡其不要「聞斯行之」，對於冉有、則作了肯定的答覆，勉勵其「聞斯行之」。公西華知道了此事，發生懷疑：子路與冉有所問、完全相同，孔子爲什麼作了相反的指示，遂去請教孔子。孔子爲之解釋道：「求也退，故進之，由也兼人，故退之」。冉有的缺點在於逡巡不前，故須勉勵其前進，子路的缺點在於一個人好做幾個人的事情，故須勸勉其後退。孔子分別施教，旨在各救治其缺點，出於一片仁心。對症下藥，處方不同，正是有合於義的教法。故孔子此種對於缺點相反的弟子施以相反的教訓，眞可謂仁至而又義盡。鄧析的詭辯、可爲佞巧的一例。呂氏春秋離謂篇載，鄭國有一富人溺死在洧水中，被人撈起。富人的家屬前往領屍，得屍者要求巨額的報酬。死者的家屬求教於鄧析，鄧析說道：放心等着吧！不會有別人買去的。得屍者因死者家屬久不携款前來，亦去求教於鄧析，鄧析說道：放心等着吧！他們在別處是買不到的。觀於鄧析這兩番話，可以淸楚看出，他根本不懷有誠意、爲雙方解決待決的問題，只想分別說些甲方所愛聽的話與乙方所愛聽的話，令雙方各滿意而去。所說雖甚巧妙而中聽，但若雙方各信從其所說，堅守立場，互不退讓，則僵局必且無法打開，雙方亦必同蒙惡名。故鄧析的此一詭辯、旣不仁，亦不義。

六、智辯與強辯　荀子修身篇云：「是是非非謂之知，非是是非謂之愚」，意卽以是爲是以非爲非，纔可稱之爲智，若以是爲非或以非爲是，則只應稱之爲愚。故其所謂智、卽是辨別是非絕不失當的意思。智辯的智字、卽取此義，表示其爲是非得當的辯論，以與辨別是非未能得當的強辯相對。辯論的任務、在於決定孰是孰非，不在於決定孰勝孰負。是非與勝負、是兩回事，必須分別請楚，不可以混爲一談。是與勝、非與負、雖常相一致，是者勝而非者負，但不一定一致，是者負而非者勝，亦不乏其例。甲方持論雖是，或用詞失當，或舉證不足，而乙方辯才無礙，舉些與論旨無大關係的事情以相糾纏，可能使甲方當場無辭以對，則甲方雖是而失敗，乙方雖非而勝利了。故辯論應以決定是非爲目的，不應以決定勝負爲目的。一經以決定勝負爲目的，勢且流爲意氣之爭而置是非於腦後。荀子勸學篇云：「有爭氣者、勿與辯也」，不苟篇又云「君子……辯而不爭」，都在警戒人們不要把辯論變成意氣之爭。性惡篇且以「不恤是非，不論曲直，以期勝人爲意」爲役夫之智，爲下勇，極言其可鄙。智辯置重於是非，不置重於勝負，故不作意氣之爭，在辯論中途、若果發覺自己的持論有不是處，則甘願認輸，不再置辯。強辯置重於勝負，不置重於是非，在辯論中途、雖已經理屈辭窮，猶逞其意氣，胡亂置辯，以示不敗。強辯之常見者、有以後息爲勝的，如韓非子外儲說左上所載：「鄭人有相與爭年者。一人曰：『吾與堯同年。』一人曰：『我與黃帝之兄同年。』訟此而不決，以後息者爲勝耳」。又有利用一名多義以亂對方思慮的，如呂氏春秋離謂篇所載：「齊有事人者，所事有難而弗死也。遇故人於塗，故人曰：『固不死乎？』對曰：『然……』故人曰：『子尚可以見人乎？』對曰：『子以死爲顧可以見人乎』」。爲人都應尊重是非，故只可智辯，不可強辯。

七、勇敢與狠戾　孟子離婁下篇有「好勇鬪很」一語，勇字與很字並用。好勇可能是好事，亦可能是壞事，至若鬪狠、則一定是壞事。朱註：「很、忿戾也」。故本書稱之爲狠戾，以與勇敢相對。勇之爲美爲惡、如前已述，依其所繫而異，所繫而正大，則成美德，所繫而不正大，則成惡德。此處專作美德解，以闡發其與狠戾的同異。勇敢的特徵：不畏不懼，敢作敢爲，狠戾亦具此特徵，這是兩者的相同處。勇敢所欲發揮的、只是不怯弱不後退的精神，不懷有兇惡的念頭，不出以殘忍的手段。爲了自壯聲勢，雖或有時不免聲色俱厲，藉以壓抑對方的氣燄，並以堅定自己的態度，此外非有他意。狠戾則不然，以殘忍爲手段，以傷害爲目的，以得見對方的狼狽與掙扎情形爲樂事。試爲設例以見勇敢與狠戾的不同。開會集議時、深信自己所見爲最眞實的道理，爲最有效的辦法，不顧衆人的反應如何，侃侃而談，不稍躊躇，即使默察同席的人不贊成的實居多數，依然反覆申述，不稍氣餒，以期大家的採納。這是論辯上的勇敢。與人辯論，因自己的見聞不廣，思慮不周，已瀕臨理屈辭窮的邊緣，而又不甘罷休，遂轉移目標，作人身攻擊，肆意漫罵，使對方氣得面紅耳赤，聊以快意。這是辯論上的狠戾。參加保衞祖國抵禦侵略的戰爭，衝鋒陷陣，有進無退，前者方仆，後者繼上，敵方見此情形，爲之心驚。這是作戰上的勇敢。敵人受傷倒地，拋棄武器，明知其已無抵抗能力，猶刺以數刀，使其掙扎呻吟，以供歡笑。這是作戰上的狠戾。

八、忠告與誹謗　他人在言論方面、敍述某一事變而有違當時的實況，發表某一主張而缺乏確切的根據，在行事方面、處理某一事件而不遵應守的常規，取得某一財物而有傷廉潔的操守。於是指出其過失所在，其尚來得及改正的、則期待其及早改正，其已來不及改正的、則期待其此後不再蹈覆轍。這是忠告。在指出過失的一點上、誹謗與忠告、兩正相同。不過忠告於指出過失以外、更進一步期待其改正，誹謗則止於指出過失，不進一步作改正之期待。忠告爲了期待改正而指出過失，故其重心在於改正。誹謗只爲搜求過失而指出過失，故其重心在於指責。在此點上、忠告與誹謗大異其趣。此外尙有相異之處，試舉其要點。忠告是善意的規勸，其目的在於保全被忠告者的人格與名譽。誹謗是惡意的攻擊，其目的在於傷害被誹謗者的人格與名譽。忠告、因爲是善意的規勸，故忠告者將其所見到的過失當面告知被忠告者，務求不讓第三者知道，期待改正的意志雖甚堅決，措詞却頗溫和，只求其接受而止。誹謗、因爲是惡意的攻擊，故必廣爲傳播，知道的人愈多愈好，措詞狠毒，以張大其所見到的過失，充滿着火藥的氣息。荀子修身篇云：「故非我而當者、吾師也」。「非我」、謂批評我的所言與所行爲不對，「當」、謂其批評很得當，合而言之，即謂我的所言所行原屬不對，批評者能發見其不對，眞可謂能得是非之正。能作如此批評的人、値得做我的師傅，我應當謹敬受教。荀子此言、正反映了忠告之可貴。

九、稱讚與諂媚　稱讚、是稱道他人的某言某行爲善言善行而表示贊同，諂媚亦然，這是兩者的相同處。稱讚是有分別的，諂媚亦是有分別的，但其所由以分別的標準不同。稱讚是有所爲的，諂媚亦是有所爲的，但其所爲不同。稱讚與否、以言行的本身爲分別標準，不以言行的主人爲分別標準。其言其行、大而言之，足以救衆人於水深火熱之中，足以使衆人同享安寧之福，澤及後世，功被全球，足爲每一個人言行的模範，則盡最大的力量稱讚之。小而言之，足以解除少數人的迷惘，足以救濟少數人的窮困，只要有益於人而又不貽有後患，亦在稱讚之列。至於這些言行之出於何等樣人、則非所問。出於古今聖賢，固當稱讚，出於販夫走卒，亦當稱讚。諂媚則與之相反，其諂與否、決於言行的主人，不決於言行的本身，只要是出於有位有勢的人，不管其言行本身爲善爲惡，一概予以稱讚而表示贊同。縱或那言行的主人自以爲所言未必是，所行未必善，亦且代爲文飾，謂大丈夫固不謹細行，甚且引論語子張篇所載子夏語「小德出入可也」，謂聖門亦容許不計較小德。至若言行之出於無位無勢者的、縱屬善言善行，亦等閒視之，無意予以稱讚。稱讚是有所爲的，其所爲是取法與鼓勵。古今聖賢的善言善行、努力弘揚，以供世人取法。當代尋常人而有善言善行，亦予宣揚，以鼓勵已有善言善行者精進不懈，並以鼓勵未有善言善行者知所趨向。諂媚亦是有所爲的，其所爲是取悅。取悅於有位有勢的人，以爲鑽營的門路，以爲進身的階梯。故稱讚的動機是純潔的，其所收後果亦是純潔的，諂媚則與之相反。荀子修身篇云：「是我而當者、吾友也，諂諛我者、吾賊也」，反映了稱讚之足貴與諂媚之可鄙。

十、容忍與屈服　不儘量伸張自己的是，不儘量揭發對方的非，在此一點上、容忍與屈服是相同的。容忍出於自己度量的寬宏與胸襟的忠厚，是一種可以不忍的忍。屈服出於對方氣燄的逼人與權勢的炙手，是一種不敢不服的服。有此不同，故容忍與屈服異其道德上的價值。試以辯論爲例，以見兩者具體的分別。對方理屈詞窮，窘態已露，然猶不甘示弱，嘵嘵置辯，而愈說去理愈遠，只要用簡單的一二語，即可將其不合理的情形揭露無遺。我則念及荀子非十二子篇所說「聰明聖知、不以窮人」的道理，不忍見其狼狽得無地自容的窘狀，遂不追奔逐北，姑以和局結束辯論。這是容忍。容忍出於自主自發，與論語衞靈公篇內孔子所說「己所不欲，勿施於人」的恕道相合，故有其道德上的價值。對方的地位權勢、都高於我，且其人胸襟狹窄，不能容物，懷恨必報，不擇手段，辯至緊要關頭時，聲勢洶洶，且又暗示必以種種方法勝此辯論，不勝不休。我雖理直而氣不壯，又懼其以他事報復，遂不敢抗拒，默爾而息，以示認輸。這是屈服，衡以孟子滕文公下篇所說「威武不能屈」的道理，不能謂爲有道德上的價值。試再以行事爲例。走在路上，路傍頑童以小石塊投我，我憫其幼稚無知，不與計較，至多用溫語告戒其不可惡作劇以傷人。這是容忍。依法處理公事，觸怒不講理的長官，遭其毆辱，因爲畏其權勢，忍辱不敢與之理論，則成了屈辱。故大體言之，容忍是同情的產物，屈服則爲畏懼的結果。

十一、合作與合汚　共同經營一種事業，不論其事業的性質如何，必須各盡所能，互相幫助，必須尊重衆議，不鬧意氣，必須致力於共同事業的成就，不作專利一己的打算。具備了這些條件，其事業纔有成功的希望，不具備這些條件，其事業終必失敗。就事實意義而言，合作是一種共同經營，合汚亦是一種共同經營，同須具備上述的各項條件。合作與合汚之所由分、不在於共同經營各員之能否盡其任務，在於其所經營的事業之是否正當。所營事業而正當，則參加分子的各盡所能、稱之爲合作，所營事業而不正當，則參加分子的各盡所能、稱之為合污。各級行政機關、公私企業機關、諸種政治公益學術團體等、其所從事的、各是一種共同經營的事業，竊盜團體、走私團體、行政機關內的貪污集團等、其所從事的、亦各是一種共同經營的事業，因為前者所經營的是正當事業，後者所經營的是不正當事業，在價值上遂有天淵之別。服務於正當事業機關的各分子、必須發揮通力合作的精神，其業務纔能蒸蒸日上，合作精神愈濃，其成就亦愈大。平日雖各有專司，不必越俎代庖，遇到某一單位特別繁忙而另一單位較為清閒的時候，清閒單位能不分彼此，盡力援助，則衆擎易舉，不但所事可以及早完成，且可免於忙中有錯。平時和衷共濟，不作意氣的爭執，則所事必能進行順利而收穫甚豐。故團體的健全與否、可於合作精神的旺盛與否覘之。參加不正當事業的團體而為其一分子，或雖不參加而獨營類似事業的，同可稱之為合污。合污愈深，其為罪愈大。合作是美名，合污是惡名。兩者的不同、應當嚴格分別，切不可因其外形的相似，而用合作的美名以稱呼合污的罪行。

十二、負責與把持　負責與把持、不可混同。若誤稱負責為把持，將使負責者為之灰心，誤稱把持為負責，將使把持者益增氣燄。試設例以言其分別。某甲與某乙共同承辦一件事情，某乙意興闌珊，精神不振，遲到早退，習以為常，進度非常緩慢，成績幾等於零。某甲見此情形，深恐到期無以交代，乃不辭辛苦，為乙代勞，以一人之身兼辦二人之事。某甲的此種行為，只可稱之為負責，不得稱之為把持。某乙於某甲請為代辦時、因怕為主管所知而獲罪，拒不接受其所請。自己既不認眞辦理，又不肯放手交由他人代勞，如此的行爲、始可稱爲把持。又如某甲所承辦的事與某乙所承辦的事、雖屬兩事，且由兩人分辦，但兩事的聯繫非常密切，必須齊頭並進。倘某甲所承辦的事、其進度快，而某乙所承辦的事、其進度慢，則某甲必須等待某乙進至可能配合的程度，纔得開始作第二步的進行。某乙所承辦的事、某甲原不必越俎代勞，爲了自己的事不致過於延擱，乃與某乙分勞，爲之代辦一部分。某甲的所爲，亦只能謂之負責，不得謂爲把持。此時某乙若懼其分功，不接受其好意，則可謂爲把持。又次如共同承辦的事情之中、有一部分有利可圖或易於見功，則攬歸自己辦理，不以讓人，如此者可謂爲把持。不管事情之是否有利可圖與是否易於見功，莫不接受辦理，莫不全力以赴，不煩他人分勞，如此者方可謂爲負責。更大而言之，握有用人最後決定權者、遇有無才無德而工於阿諛的人，雖經同僚們一致推薦，不予任用，遇有才德俱備而性情耿介的人，雖爲同僚們所不悅，亦力排衆議而予以任用。如此者、自當謂爲負責。不管才德的有無，只要自己親近的人或是自己所喜悅的人，則雖違同僚們的公議，亦儘量拔擢，非然者則投閒置散。如此者、自當謂爲把持。故一以事情辦得妥善爲職志而不辭勞苦的、是負責，一以便利自己爲職志而不肯放手的、是把持。

十三、堅忍與頑固　堅忍是應當忍而忍的堅，出於清楚的認識，頑固是不應當固而固的頑，出於認識的不清楚。堅忍是百折不撓，頑固是回頭是岸而不回頭。經過周詳緻密的考慮，選定了某一事情以為行事的目標，必須堅持到底，方有成功的希望。若在進行中途遇到挫折，便垂頭喪氣，不再努力，或見異思遷，屢屢改向新的目標，則結果所居，必至一事無成。荀子勸學篇云：「鍥而舍之，朽木不折，鍥而不舍，金石可鏤」，極言堅忍與否之為成敗的關鍵。同此目標，其所由以到達的途徑、往往不止一條，不過其中有的可能是康莊大道，有的可能是羊腸小徑，而在時勢變遷以後、又可能昔日的康莊大道、今已荊棘滿途，不復可行，昔日的羊腸小徑、今已擴建為高級公路，可以駛車如飛。若昧於現狀而堅執仍須經由昔日的大道，卒至釀成行不通的後果，則成為頑固，不得稱為堅忍。故所欲趨赴的目標、應當以堅忍的精神來維護，所由以趨赴的途徑、不可用頑固的態度來執持，堅忍而不頑固，纔足以導致成功。固有的道德精神、應當振興，振興的方法、却不一定要照抄成規。例如夫婦的貞操、是家庭幸福的支柱，其應當堅忍維護、用不到深論。但時至今日，其維護之道、不可仍蹈舊轍而偏責婦方以獨守，應當依據男女平等的原則，兼責夫婦雙方以共守，且僅當責之於婚姻關係存續期間，不當責之於婚姻關係消滅之後。又如子女事父母的孝道、古來視為一切道德的基礎，自應堅忍維護，不當任其枯萎，但時至今日，父母有疾服藥，子女不先嘗而後進，若竟因此責其不孝，則難逃頑固之譏了。

十四、謹慎與畏葸　論語泰伯篇載有孔子語：「慎而無禮則葸」，以禮的有無為謹慎與畏葸所由分的標準。所云「無禮」、當係不當或過度的意思。故適度的、是謹慎，過了度，便成畏葸。現在試看一看孔子所說的愼應守怎樣的度。論語爲政篇載：「多聞闕疑，愼言其餘，則寡尤，多見闕殆，愼行其餘，則寡悔」。依此所說，要想愼言愼行，第一必須多聞多見，第二必須闕疑闕殆。多聞多見、是多多參證古今自他的經驗，闕疑闕殆、是儘量淘汰這些經驗中不足信賴與有惡劣影響的成分。經過如此兩番功夫，確知其可以信賴且不會有惡劣的影響，始敢付諸言行。故多聞多見與闕疑闕殆、可說是謹愼所應守的度。荀子的言論、亦足資參考。非十二子篇云：「言而當，知也，默而當，亦知也，故知默猶知言也」。如何纔算「言而當」與「默而當」呢？非相篇提出應言應默的標準云；「言而非仁之中也，則其言不若其默也，其辯不若其吶也。言而仁之中也，則好言者上矣，不好言者下也」。此雖專就應言應默立說，亦可適用於應行與否。「仁之中」、相當於有禮，亦相當於闕疑闕殆。綜合孔子荀子所說，可作如下的斷語：當言而言，不當言而不言，當行而行，不當行而不行，這是謹愼。不當言而言，不當行而行，則爲鹵莽。當言而不言，當行而不行，則爲畏葸。鹵莽固不可，畏葸亦非所宜。畏葸之起、大抵起於不敢自信所欲言與所欲行之確屬合理，或起於恐懼所言所行之得罪權勢。故欲保持謹愼而避免畏葸，一方面必須充實知識，以加強自信的基礎，他方面亦須培養勇氣，以減少不合理的畏懼。

以上所舉、共計十四對。美德與惡德之形似而功異的、當然不止此數，此之所舉、不過其較爲重要且在日常生活中較易遇到者而已。綜觀上來所述，可見德之成美、有待於動機與結果之俱美，有一不美，即難免轉成惡德。動機之美、淵源於仁，結果之美、出於表達動機各項措施之切合於義。故必仁至而又義盡，始成美德。

第十一章　德的衝突與調和

德字若兼攝美德與惡德而言，則德與德的衝突、可說是當然的事情，其應當何取何捨、亦是容易解決的問題。例如廉潔與貪汚、前者是美德，後者是惡德，兩相衝突，不能並容。事實上雖有臨財苟得的人，但除了幼稚無知的小兒及白痴以外，稍有道德意識的人、都知道廉潔之應當遵守與貪汚之應當摒棄。故其何取何捨、不難解決。德的衝突、事實上不僅發生於美德與惡德之間，美德與美德亦可能發生衝突。又有些德，通常所視爲惡的、有時亦可轉而爲美，不過爲惡德者、其數較多，爲美德者、其數較少，亦有些德，其美其惡、世間未有定評，有人稱之爲美，有人稱之爲惡，則更易與美德發生衝突。此種兩相衝突的德、其應何取何捨、雖有易於解決的，亦有不易解決的，且有應當酌量兼取以資調劑的。美德與惡德的衝突及其何取何捨、用不到贅論。本章所欲闡述的、以美德與美德或美德與可美可惡的德兩者間的衝突與調和爲限。

先就重要美德的衝突、舉些實例，以見前人的如何取捨。

左傳桓公十五年載：「祭仲專，鄭伯患之，使其壻雍糾殺之，將享諸郊。雍姬知之，謂其母曰：『父與夫孰親？』其母曰：『人盡夫也，父一而已，胡可比也！』遂告祭仲曰『雍氏舍其室而將享子於郊，吾惑之，以告。』祭仲殺雍糾，尸諸周氏之汪」。孝是美德，夫婦的相愛、亦是美德，兩者的本質、原不衝突，不過在雍姬所處的情形下、則兩不相容。雍姬所問「父與夫孰親」，即是感到了兩德的衝突而不知如何取捨。雍姬的母親則答以解決之道：應當取孝而捨夫婦的愛情。

呂氏春秋序意篇載：「趙襄子遊於囿中，至於梁，馬却不肯進，青荓爲參乘。襄子曰：『進視梁下，類有人。』青荓進視梁下，豫讓却寢，佯爲死人，叱青荓曰：『去！長者吾且有事。』青荓曰：『少而與子友，子且爲大事，而我言之，是失相與友之道。子將賊吾君，而我不言之，是失爲人臣之道。如我者，惟死爲可。』乃退而自殺」。尊重友誼、是美德，忠君亦是美德。青荓的處境、欲顧全友誼，則不忠於君，欲忠於君，則不能顧全友誼，既感到無法兩全，又難於取其一而捨其他，遂以一死了之。這是以不解決爲解決的一例。

論語子路篇載：「葉公語孔子曰：『吾黨有直躬者，其父攘羊，而子證之。』孔子曰：『吾黨之直者異於是，父爲子隱，子爲父隱，直在其中矣」。「其父攘羊」時、「其子證之」，則爲不孝，「子爲父隱」，則爲不直。孝與直、各是美德，在此一情形下，無法兩全，究應何取何捨？孔子以爲孝重於直，故應捨直而取孝。不過在孔子看來，爲了曲全孝德而不說實話，亦即在偉大的孝德的庇蔭下、雖不直，無傷其爲直，故說：「直在其中矣」。至於「父爲子隱」、只是連類說及，當非其所重。

孟子盡心上篇載：「桃應問曰：『舜爲天子，皐陶爲士，瞽瞍殺人，則如之何？』孟子曰：『執之而已矣。』『然則舜不禁與？』曰：『夫舜惡得而禁之！夫有所受之也。』『然則舜如之何？』曰：『舜視棄天下猶棄敝蹝也，竊負而逃，遵海濱而處，終身訢然，樂而忘天下』」。孟子在這一番答語之中、很明顯地把舜的身份分析爲二，以分別論斷其應當如何應付瞽瞍殺人這一局面。舜、一方面是天子，這是公職的身份，另一方面是瞽瞍的兒子，這是私人的身份。尊重國法而不敢侵犯，可說是忠，設法不讓父親遭受刑罰，當然是孝。以公職的身份尊重國法，其影響甚大，於此姑稱之爲大忠，以私人的身份尊重國法，其影響較小，於此姑稱之爲小忠。「執之而已矣」，「夫舜惡得而禁之」，表示孟子之不主張犧牲大忠以曲全孝德。但舜亦不應坐視其父親的被捕，應當放棄天子的職位，以私人的身份「竊負而逃，遵海濱而處」。便利罪犯的脫逃與窩藏罪犯、亦是犯法的行爲。故在孟子之意、爲了曲全孝德，雖未可犧牲大忠，却應當犧牲小忠。

儒家重視孝德，故凡孝德與他德衝突時、大抵採取孝德而捨棄他德。孔子主張犧牲直德以全孝德，孟子雖未主張犧牲大忠，却不惜犧牲小忠以全孝德，皆足爲例。法家所見不同，別有其主張。

韓非子五蠹篇載：「楚之有直躬，其父竊羊而謁之吏。令尹曰：『殺之！』以爲直於君而曲於父，報而罪之。以是觀之，夫君之直臣、父之暴子也。魯人從君戰，三戰三北，仲尼問其故。對曰：『吾有老父，身死莫之養也。』仲尼以爲孝，舉而上之。以是觀之，夫父之孝子、君之背臣也。故令尹誅而楚姦不上聞，仲尼賞而魯民易降北」。韓非子所舉的這兩件事、尤其涉及孔子的那一件事、是否眞實，不無可疑。因爲韓非子書中所引的孔子言論、其中有絕對不可能是孔子所說，故此處所引、亦未可輕信。此兩事的眞僞、與當前所欲研討的問題、沒有關係，可置而不論。現在只就其所說內容、以窺韓非子的主張。「夫君之直臣、父之暴子也」，卽言君的忠臣是父的不孝之子。「夫父之孝子、君之背臣也」，卽言父的孝子是君的不忠之臣。故此二語、意在指出忠與孝之兩相衝突。「故令尹誅而楚姦不上聞，仲尼賞而魯民易降北」，舉示令尹與仲尼重孝不重忠所獲致的惡果。故在韓非子看來，忠與孝相衝突時、應當取忠而捨孝。

在美德之中、忠與孝甚易衝突。忠、原是盡己所能的意思，故不僅爲君上的公事盡己所能、始得稱爲忠，卽使是朋友的私事，只要盡己所能，亦得稱爲忠。到了後來，這忠字漸爲事君之忠所專用，一說到忠，卽意味着事君的道德。君主制度消滅後、忠於國家代替了忠於君主，所忠雖不同，其爲忠則一。忠於國家、是公民身份所應盡的道德之中最高的道德，孝於父母、是私人身份所應盡的道德之中最高的道德。公與私易於衝突，故忠與孝亦易衝突。儒家旣重視孝，亦重視忠，而此兩德又易於衝突，自不得不設法爲之調和。調和之道、在於擴展孝德的範圍，使之不以私人身份所應盡的最高道德爲限，而令其兼攝公民身份所應盡的最高道德。

孝德之兼攝公民身份所應盡的道德、在論語孟子兩書中、尙不顯著。試觀論語所載，弟子們問孝時，孔子答語中所舉示的、盡是父母子女間直接關係的事項，且在學而篇說道：「弟子入則孝」，於孝字上加一入字，可見孔子所說的孝、着重於其爲純粹的家庭道德。顏淵篇載：「一朝之忿、忘其身以及其親，非惑與」，雖未用有孝字，實與孝德有關。「以及其親」、固仍屬父母子女間的關係，不過其關係已較間接了。孟子所說、大體與孔子相同。滕文公上篇云：「入則孝」，萬章上篇云：「大孝終身慕父母」，離婁上篇云：「不孝有三，無後爲大」，其所云孝、亦專指純粹的家庭道德而言。離婁下篇舉有世俗所說的五種不孝，其前三種均爲「不顧父母之養」，屬於父母子女間的直接關係，其後二種爲「以爲父母戮」與「以危父母」，則稍間接。到了後儒，把孝德的範圍擴展得甚廣，一切道德悉數納入其範圍之內。如孝經云：「夫孝始於事親，中於事君，終於立身……故以孝事君則忠……事親者、居上不驕，爲下不亂，在醜不爭。居上而驕，則亡，爲下而亂，則刑，在醜而爭，則兵。三者不除，雖日用三牲之養，猶爲不孝也」。又如禮記祭義篇云：「孝有三：大孝尊親，其次弗辱，其下能養……居處不莊，非孝也，事君不忠，非孝也，涖官不敬，非孝也，朋友不信，非孝也，戰陳無勇，非孝也」。依此所說，原屬私人身份所應盡的道德、進而兼攝公民身份所應盡的道德了。「事君不忠，非孝也」，故忠與孝不會有衝突的可能。因爲不忠既是不孝，則忠是孝的一部分，盡忠卽所以盡孝，忠與孝，尙何衝突之可言！

孝德的範圍經後儒推廣以後，忠與孝、在理論上可謂臻於調和了，但施之實際，並非絕無困難。「戰陳無勇，非孝也」，捍衞國家，力戰而死，確可謂爲既盡了忠亦盡了孝，因爲衞國而死，不僅做到了「弗辱」，且亦做到了「尊親」。但如「其父攘羊，而子證之」，「直於君而曲於父」，謂爲盡忠，固無不可，謂爲盡孝，終覺於理不順。因爲揭發父親的惡行，既有違於「弗辱」，更有違於「尊親」。故在特殊情形下、忠與孝的衝突，還是不能全免的。然則忠孝不能兩全時、究應何取何捨？要想達到取捨得當，唯有訴諸道德的基本任務，忠而能貢獻於安寧的較大，則取忠，孝而能貢獻於安寧的較大，則取孝。例如統率勁旅，守護要塞，以阻擋敵人的入侵，不幸而其母爲敵所擄，敵人卽以殺母爲要挾，迫令率衆投降。當此之時，忍痛不降，雖陷全家於悲慘的深淵，却有助於全國安寧的保全，自當捨孝而取忠。至於「其父攘羊」，法院自會根據證物及他人的證言，作公正的判決。爲子者不爲之證實，無傷於判決的公正，却可免傷閤家的和氣，自應捨忠而取孝。以對於安寧貢獻的大小爲標準，不但可以決定忠與孝的取捨，亦可依以解決其他美德間的衝突。

有些美德與美德、或美德與不定美的德、在本質或其他方面，兩正相反。若因其相反，遂取其一而捨其他，則有僨事之虞，若能調和而兼取之，則可收相輔相成之功。如何調和、其道不一，或兼取而適用於兩種不同的事情或一件事情的不同部分上，使之各得其宜，或交替採用，以資調劑，或同時採用，以冲淡另一德而使其不致過份。試就較重要者、闡述如下。

一、守與變　守是一種停留不移的情景，變是一種移動不居的情景。故守則不變，變則不守，守與變、其本質可以謂爲相反。但人們的言行、欲其對於人生的安寧有所貢獻，則必須一方面有所守，另一方面有所變，不可一味地守，亦不可一味地變。只知守而不知變，則應付必有時而窮，只知變而不知守，則應付會走入歧途。故必旣守且變，雙方兼顧，而後言行始有進入至善境地的希望。善言善行無一不是仁與義交織而成。仁是求安的心，義是致安的術。任何言行、都應當牢牢把握住這片求安的心，縱屬細事，亦不放鬆。言行而不出於此一求安的心，則動機不正，結果縱或未害己害人，亦不能謂爲善。故就仁這一因素而言，只應守而不應變。言行所應付的對象、其本身性質不必相同，其所處環境亦不必相同，若固執某一應付方式以爲性質與處境參差不齊的對象謀致安寧，必有成於此而敗於彼的危險。故必隨人隨事隨時隨地變易方式，始能應付各得其當而收穫善果。故就義這一因素而言，應當變而不應當守。故分別言之，爲了盡仁，必須以不變應萬變，爲了盡義，必須以萬變應萬變。合而言之，必須守不忘變，變不忘守，守變雙施，仁義兼盡。試以醫師爲例，醫德不可不守，處方不可不變。不誇張病情以恐嚇病人，不拖延醫治以騙取診金，謹守醫德，方可謂爲良醫。針對不同的病狀以異其處方，斟酌病狀的輕重與病人的體質以異其藥量，隨病處方，不拘一格，方得免爲庸醫。再以教育爲例，如上章所曾述及，孔子的教誨冉有與子路、可謂守變兼施。一心以矯治二人的缺點爲職志，故有所守。二人的缺點相反，遂施以相反的教誨，故有所變。正因孔子能守變兼施，故足爲教育家的模範。

二、自尊與自謙　自尊、把自己看成尊貴而非卑賤，自謙、把自己看成空虛而未充實。故自尊與自謙、在自我評價上、兩正相反，但在作用上、則相輔相成。爲人而旣能自尊，又能自謙，則其人的人格必蒸蒸日上而逐漸接近於理想。現在試就自尊與自謙、作一比較。自尊不以自己爲卑不足道，深信自己具有深厚的潛能，只要盡力發展，一定可以發展爲知識豐富德行高超的人，與古今的賢者媲美，但不以當時現有的知識與德行爲已到達了賢者的境地。簡言之，卽自信修德進業以後可以成爲了不起的人，並不幻想當時已經是一個了不起的人。自尊與自大的分別、卽在此一幻想的有無，存此幻想，則爲自大，不是自尊。自謙不以當前的自己爲已充實，深信自己現有的知識尙甚空虛，自己現有的德行尙多缺點，自己現有的人格距賢者的境地尙甚遙遠，但不以爲自己的知識與德行已達到自己所能到達的極限而從此不能再有進步。簡言之，亦卽承認當前的自己只是一個不足稱道的人，但不幻想經過修德進業以後依然還是一個不足稱道的人。自謙與自卑的分別、卽在於此一幻想的有無，存此幻想，則爲自卑，不是自謙。由此比較，可見自尊與自謙可以相通。且自尊而不自謙，易於流爲自大，自謙而不自尊，易於流爲自卑，故自尊與自謙、又可相得益彰。遇到社會惡風俗的引誘而怦然心動時，鼓動自尊心以自勵，當是一種最易奏效的拒絕方法。當自己小有成就而不免志得意滿時，鼓動自謙心以自勉，當是一種最易奏效的抑制方法。

三、誠實與虛僞　誠實與虛僞、其本質之相反、無待贅述。其與善惡的關係、則隨所處情況不同而有異。在通常情形下、誠實是善，虛僞是惡。在特殊情形下、誠實可能轉而成惡，虛僞可能轉而爲善。關於誠實之轉而成惡與虛僞之轉而成善、論語子路篇中有其典型的實例。「其父攘羊，而子證之」，爲子者所說的是實話，而孔子認以爲不善。「父爲子隱，子爲父隱」，爲父者與爲子者所說的都是謊話，而孔子認以爲善。故概括言之，誠實不一定善，虛僞不一定惡，其善其惡、依其適用得當與否而定。應該坦白時，則說實話爲善，說謊話爲惡，應該隱瞞時，則說實話爲惡，說謊話爲善。不但父子之間有隱惡的義務，其他不宜說實話的事情、尙所在多有。小而言之，如親友遠來，贈我禮物，雖非我所喜愛，亦只好盛讚其美。又如親友招宴，餚饌雖多，甚不合我的胃口，亦只好盛讚其烹調之美。這些禮貌性的說謊，爲人人所視爲當然，若說實話，反將貽不通人情之譏。大而言之，如金融上的重大改革，有須事前嚴守秘密以免奸商攫取暴利的，則雖在宣佈改革的前夕，當事者猶當詭稱未有改革的計劃。又如軍事方面的設施、雖在平時，已不可輕易洩漏，到了戰時，更屬最高機密，主其事者唯有守口如瓶，不敢一言涉及眞相。這些政治性的說謊、是從政者所應盡的義務，若說實話，便有虧職守而獲罪。所以說謊有時有其必要，但亦不可忘記，說謊本身究竟不是一件好事，只可不得已而爲之，不可當作家常便飯。若說謊而成爲習慣，則將成爲妄人，爲害人而說謊，更是罪大惡極。故說實話而有益於安寧，自當只說實話，斷不可以說謊話，說實話而無損於安寧，亦當說實話，不可以說謊話，唯有說實話而有害於安寧，纔可從權說謊話。若能遵照此一標準以決定說實話與說謊話的分際，不濫說謊話，則說謊亦可無害而有益。

四、懷舊與慕新　人人都有懷舊的心，亦都有慕新的心，不過所佔分量的多寡、人各不同。大體言之，年老的人、來日不多，黃金時代已成過去，懷舊的心不免要重些。年青的人、來日方長，黃金時代正逐漸來臨，慕新的心自易較重。懷舊與慕新、就其本身而言，原無善惡之分。新與舊、並不足以代表善與惡，故懷舊與慕新、亦不能謂爲美德或惡德。世間雖有些人以爲舊者必善，又有些人以爲新者必善，都不免是一偏之見。如實言之，舊者之中、有善有惡，新者之中、亦有善有惡，例證甚多，無庸贅舉。故以新舊爲善惡，顯屬以偏概全，無當於理。且世間不無翻舊爲新的事實，例如古代婦女原都天足，纏足之風、起於近古，清末民初、有識之士提倡放足，天足始又成爲社會風尙。故婦女之不纏足、稱之爲新俗，固可，稱之爲舊俗，亦未嘗不可。旣有亦新亦舊的事實，更可見新舊之不足以代表善惡了。懷舊與慕新、不是美德，亦不是惡德，是可美可惡的，故施諸實際的言行，不免有利有弊，其利弊且相因而生。懷舊心重，則偏於保守，安於故常，不思奮發，不求進取。這是懷舊心所不易避免的弊病。但弊之所在、亦卽利之所由生。遇有興革，持重而不敢輕率，謹愼而不敢鹵莽，則又爲其所長。慕新心的利弊、正與相反，不以現實爲滿足而力求進取，是其所長，振奮過度而容易流於浮躁輕率，是其所短。正因這兩種心情各有利弊，故必須調和其間，各取其長而去其短，奮發而不輕率，進取而不鹵莽，則所言所行當可免於重大的過失。

五、隨和與立異　隨和、意卽隨順大衆，附和大衆，以大衆所是非的爲是非，可說是羣性的表現。立異與之相反，不甘隨順大衆，自己有其獨特的見解，不讓別人牽着鼻子走，可說是個性的表現。這兩種心情、爲人人所同有，不過其強弱可以大不相同。隨和性特別強大的人，自己絲毫沒有主見，亦不留意於是非的辨別，只曉得人云亦云。立異性特別強大的人、幾於不論是非，一味以抗拒爲能事，本想往東走，一經別人敎他向東，他便偏偏向西。這兩種心情形諸實際的言行，各有利弊。隨和性可以增強社會的向心力。人是社會動物，不能離羣而生活。顧欲維持社會生活，必須如荀子所主張：「羣居和一」。若人人都有自己獨特的主張，各行其是，互不相讓，則紛紛擾擾，羣居勢難安寧，故隨和的可貴、在其能有助於社會的團結。但社會的輿論非必盡屬健全，社會的風尙非必盡屬善良，若人人只知隨波逐浪，事事只知同流合汚，則不健全的輿論無從救正，不善良的風俗無從改善。故社會的少所進步、隨和不能不分負其責。立異性的利弊、正與相反。是非不同於衆人而徒以立異爲高，言行有違於世俗而徒以立異爲快，雖孤芳自賞，却爲大衆視爲怪物，對於社會的團結、只會有害而無利。但若識見高超，確足以救治社會的缺點，言行卓異，確足以充當世人的表率，振臂一呼，世風爲之丕變，陋俗爲之革除，則其有功於社會的進步、決非隨和所能望其項背。隨和與立異、各有利弊，故應當善用其利而愼防其弊，隨和而合理則隨和，立異而合理則立異，一以合理與否爲依歸。任人牽着鼻子走而走得有合於理，不當引以爲恥，立異鳴高而立得無當於理，不當引以爲榮。

六、迅速與緩慢　迅速與緩慢的兩正相反、其事甚明，至於處理事務、究竟是迅速的好，還是緩慢的好，則應當就事分別評斷，不可以一概而論。有些事情，可以速辦，宜於速辦，或不可不速辦，則不妨或應當盡其全力趕快辦理。若慢吞吞地去做，則徒然荒廢時間，或竟致坐失時機。故在此種情形下、迅速勝於緩慢。亦有事情，可以緩辦，宜於緩辦，或不可不緩辦，則不妨或應當慢慢地從容不迫地辦理，若猶手忙脚亂地進行，則或屬不必要，或反足以誤事。故在此種情形下、緩慢勝於迅速。常人口中往往讚美迅速而非難緩慢，實則其所讚美的、只是可速應速的迅速，其所非難的、亦只是不必緩不可緩的緩慢。若不必速不應速而速，亦且爲人所非難，可緩應緩而緩，亦且爲人所讚美。可速應速而不速，通常稱之爲拖延，拖延是值得非難的，可緩應緩而不緩，通常稱之爲急遽，急遽亦同樣值得非難。情形簡單，一舉手之勞卽可辦畢，則爲可速的事件，他人坐待其辦畢而後始能着手工作，則爲應速的事件，情勢急迫，必須當機立斷，無暇從容考慮，則爲不可不速的事件。諸凡具有類此性質的事件、都當迅速辦理，不可拖延。數日後需用，不必於今日優先辦理，則爲可緩的事件，必待他人辦畢而後始可着手進行，則爲應緩的事件，重大工程、必先廣集資料，從容計議，仔細籌劃，而後工程方可開始進行，則爲不可不緩的事件。諸凡具有類此性質的事件、都當緩慢進行，不必急遽。所以迅速與緩慢、各有所宜，各有所不宜，用得其宜，可以同成美德，用失其宜，可以同成惡德。

七、辭讓與爭執　讓則不爭，爭則非讓，讓與爭、兩正相反。平常說到讓，總覺得是美德，且以爲人人所當踐履，說到爭，總覺得是惡德，且以爲人人所當避免。實則辭讓不一定是美德，有時可能是惡德，爭執不一定是惡德，有時可能是美德。此二德之爲美爲惡、依其所讓所爭之爲何事、與所以讓所以爭之出於何因而定。現在且先看一看孔子對於讓與爭懷有如何的看法。論語里仁篇載：「能以禮讓爲國乎，何有！不以禮讓爲國，如禮何」。衛靈公篇載：「當仁不讓於師」。試將孔子這兩則言論一爲比較，卽可明白看出，孔子雖看重辭讓，但並非無條件地看重。他所重視的、只是禮讓，只是有合於禮的辭讓。不讓而有當於仁，則對方雖爲師長之尊，亦不在所讓之列。綜而言之，理所當讓則讓，理所不當讓則不讓。衞靈公篇載：「君子矜而不爭」，誠然尙矜而不尙爭，但八佾篇載：「君子無所爭，必也射乎……其爭也君子」，則亦非絕對不許爭，只是不許爭而有失君子的風度。孔子這些言論、確足爲應讓應爭的準則。遇有易於見功或有利可圖的事情，大家爭着要做，我獨甘願退讓，則讓爲可貴而爭爲可鄙。遇有甚費力而不易討好的事情，大家推讓不前，我獨爭取承當，則爭爲可貴而讓爲可鄙。對於有權有勢的人、有人委屈退讓，有人據理力爭，則爭爲可貴而讓爲可鄙。對於無權無勢的人、有人看準對方的可欺而爭執不休，有人不忍看到對方的狼狽而樂於退讓，則讓爲可貴而爭爲可鄙。所以爲人不可一味辭讓，亦不可一味爭執，應讓而讓，應爭而爭，方合於爲人的正道。

八、熱心與漠視　熱心、通常視爲美德，熱心幫助他人，尤爲人所稱道。實則熱心的美否、亦非可一概而論，其美與否、與所熱心的事情大有關係。就熱心自己的事情而言，熱心於讀書，熱心於運動，凡熱心於有益身心的事情，其爲美德、無可置疑。但所應熱心從事的、非止一端，若只熱心其一而忽視其他，如耽於運動而怠於讀書，則不復能維持其爲美德了。至若沉溺於賭博，迷戀於聲色，凡熱心於危害身心敗壞風俗的事情，則更轉而成惡德了。就熱心幫助他人而言，亦復如此。熱心於助人進德修業，熱心於助人解除困難，當然是美德。至若熱心於爲人授受賄賂，熱心於幫助犯罪者遠走高飛，則轉成惡德了。縱使屬於成人之美的熱心，亦當適可而止，不可過度，一經過度，亦會失其爲美德。例如招宴客人，過於殷勤，客人已經飽食，而猶挾菜勸酒，不食不休，徒使客人爲之不安。其甚者、如朋友夫婦反目，積怨甚深，已到了一日不能同居的階段，而猶竭力調解，強其不離，徒使朋友夫婦益增痛苦。如此熱心，原屬好意，反得惡果。漠視、正與熱心相反，其本身誠非美德，但對於熱心、有沖淡而阻遏其過度的功能。漠視、可說是熱心這一機器上的安全裝置，輔成其長爲美德，故亦有其相當的價值，愛管閒事的人、尤當用以爲止動的工具。論語顏淵篇載：子貢請示交友的原則，孔子答覆道：「忠告而善道之，不可則止，無自辱焉」。孔子所垂示的交友原則、可謂熱心與漠視並用。「忠告而善道之」、是熱心誘導其爲善。「不可則止，無自辱焉」，謂忠言逆耳，朋友若不肯接納，便應漠然置之，若猶煩聒不已，可能招來朋友的惡聲而自取其辱。孟子離婁下篇云：「今有同室之人鬭者，救之，雖被髮纓冠而救之，可也。鄉鄰有鬭者，被髮纓冠而往救之，則惑也，雖閉戶可也」。孟子於熱心之外、亦兼採漠視。同室之人相鬭，則熱心勸止，鄉鄰之人相鬭，則可加以漠視。

九、認眞與馬虎　認眞是一件美德。工作認眞，則產品精緻，工作不認眞，則產品粗糙。這是必至的事理，施諸任何事情，莫不皆然。建築而偷工減料，則所建房屋不會堅固，學習打球而不專心致志，則球技不會精湛，書籍而不埋頭苦讀，則所得必甚膚淺。與認眞相反的、如草率，如敷衍，如得過且過，如故作不知，在通俗用語中、總稱爲馬虎。認眞纔能製出精品，馬虎所能製出的、至多只是粗品。人們做事，應當精益求精，故不論擔當何事，都須認眞，不可馬虎。但有時爲情勢所迫，則亦不能不放棄認眞，而稍稍馬虎一下。例如軍情緊急之際，欲作書面報告，自無暇字斟句酌，亦無暇恭楷繕寫，只好僅求敍事不失眞相與繕寫看得淸楚而已。又如硏究某種學問，閱讀參考書籍，大抵有精讀粗讀之分。重要的參考書、不可不精讀以求其精義，不重要的參考書、只須粗讀而略知其大意。因爲不重要的參考書、爲數甚多，欲一一精讀，必非精力與時間所能許，而粗讀總可稍勝於不讀。在無法做到認眞程度的時候、不得已，只好馬虎從事，以爲代替。故馬虎、在平常情形下、雖是惡德，在特殊情形下、時或有其必要。細小的事情、可以馬虎過去的，亦不妨馬虎，不必過於認眞。購物付款，少付幾分錢或少找幾分錢，買賣雙方都不介意，正是大家視小事爲可以馬虎的實例。社會上流行的諺語：小事不妨胡塗，大事不可胡塗，亦表示了此意。又如古人嘗說：不痴不聾，不作阿翁，謂對於兒子夫婦相處的情形、最好裝聾作啞，不聞不問，其意亦在教人對此等事之採取馬虎態度。所以我們做事應當以認眞爲主，必要時則不妨從權馬虎，但決不可以反客爲主而事事馬虎。

十、勤勞與休閒　勤勞與休閒、兩正相反，却是相需相成的。勤勞是自古以來所重視，有許多格言，如「勤能補拙」，如「業精於勤」，都在提倡勤勞。中庸說：「人一能之，己百之，人十能之，己千之」，更是大家所常引以自勉勉人的。至於休閒，不若勤勞之常爲人所稱道。殆因人情好逸惡勞，任其自然，自會趨於休閒，所以用不到鼓勵，勤勞非人情所好，故須多加鼓勵以促其實現。論語陽貨篇載有孔子語：「飽食終日，無所用心，難矣哉！不有博奕者乎，爲之猶賢乎已」。孔子此則言論、確有鄙視休閒之意。但孔子所鄙視的、只是終日無所事事的閒蕩，不是與勤勞相調劑的休閒，亦卽只鄙視休閒中的某一種，並非鄙視一切休閒。禮記雜記對於勤勞與休閒的功用、有着非常公平而切合事理的論斷：「張而不弛，文武弗能也，弛而不張，文武弗爲也，一張一弛，文武之道也」。「張而不弛」、卽是勞動而不間以休息，如是，則心身疲乏，工作必流於遲緩，且欠精確。「弛而不張」、卽是休息而不勞動，如是，則光陰虛耗，工作無從進展，終且一事無成。孔子所鄙視的、正是此種「弛而不張」的休閒。「一張一弛」、卽是勤勞與休閒交替爲用。勞動以後、繼以休息，則疲乏盡除，身心舒暢。休息以後，再來勞動，則神清氣爽，績效倍增。所以勤勞與休閒、相需相成，休閒亦有其不可輕視的價值。於此有須注意者：勤勞與休閒、只宜先後交替運用，不可同時混合運用。勞動時專心勞動，休閒時儘量休閒，則勞動與休閒各能發揮其最大效用。若勞動而出以休息的心情，休息而猶盤算工作，則勤勞且將等於不勤，休閒亦將等於不休。

第十二章　個人最低限度的義務

道德的究竟目標是人生的安寧，安寧不是從天上掉下來的，是大衆所合力創造的。所以人人負有義務，對於安寧的維護與增進、必須各盡所能以期有所貢獻，切不可玩忽蹂躪以致有所損傷。能有貢獻，纔是好人，有所損傷，便成壞人。人人應當做好人，不應當做壞人。好人這一名稱、所包甚廣，其間有許多等級。居於最高級的、是聖人，是賢者，其言足以啓發正智，其行足以鎔鑄美俗。我們做人，都應當力爭上游，所以希聖希賢、是人人的份內事，不能謂爲狂妄。爲人而不懷此種理想，妄自菲薄，甚易流爲壞人。不過登高必自卑，行遠必自邇，必先做一個平常的好人，逐漸進修，方能登峯造極，成爲聖賢。做一個平常的好人、是成聖成賢的始基，始基不立，便無從進而成聖成賢。本章所述、意在奠立始基，下開各事、倘能充分做到，可謂已脫離了壞人的魔境而進入了好人的領域。人人都應當做好人，故好人始基所須履行的、稱之爲個人最低限底的義務。

㈠欲爲好人，第一件所須做到的事情、是自食其力，不做社會的寄生蟲以傷害社會的健全。寄生蟲不自費力去尋取養料，只會吸取所寄生的那生物的養料以維持生活。爲人而不能憑自己的工作以養活自己，只仰給於社會的救濟，則成了社會的寄生蟲。寄生蟲分享了所寄生者的養分，所寄生者因而相對地失去了養分的一部分，便會釀成營養不足與健康不佳。個人寄生於社會，亦會使社會陷入同樣的困境。社會的力量非無限度，既分出了一部分的力量以救濟個人，則對於他方面所應做的事業、自必相對地減少其力量。寄生的個人愈多，社會必愈陷於貧困而不能有所作爲。所以個人的寄生、甚有害於社會。社會的救濟個人、韓非子在顯學篇內評爲不當之舉，其言曰：「侈而惰者貧，而力而儉者富。今上徵斂於富人以布施於貧家，是奪力儉而與侈惰也」。韓非子所說、只合於一部分的事實，因爲人之所以貧、並非悉數出於侈與惰。姑不論其貧的由來如何，到了有人貧而無以爲生，社會加以救濟，總屬應盡的義務，總不失爲一種仁慈的舉動。但在身受救濟的個人看來，因其損傷了社會的活力，應當引以爲恥，不當視爲份所應得。殘廢的人、其有志者、尚力求殘而不廢，以免終身拖累社會。不殘廢而力能工作的人、自更不應坐享救濟而甘爲社會的罪人。故自食其力而不受社會救濟、實爲個人最低限度的義務。欲盡此義務，應有所準備。學得一技之長、是準備的要着，有了一技之長，不患無以餬口，能益以勤奮，生活更可安定。

此云自食其力、非僅以自己養活自己爲限。自己而孑然一身，則自己養活了自己，可謂已盡了自食其力的任務。自己以外而尚有父母妻兒，則仰事俯畜亦當歸入自食其力的範圍以內。父母而尚壯健，父母誠會自食其力，父母而已衰老，則爲子者不能逃其仰事的責任。子女而已成年，子女誠亦會自食其力，子女而猶屬童年少年，則爲父者不能逃其俯畜的責任。故若自己雖能養活自己，而父母子女的生活尙須仰給於社會的救濟，則自己雖不直接爲社會的寄生蟲，猶不免間接寄生於社會，自食其力的任務、未可謂爲已經完成。

舊日社會及今日保守的家庭、都以兒女衆多爲福，節制生育的提倡得不到他們的共鳴。實則兒女衆多、非必是福，很可能是禍。在經濟窘迫的家庭中、兒女一多，更形拮据，衣服飲食都無力應付，徒使兒女們食不得飽，衣不得暖，生活在饑寒交迫之中。社會不忍漠視，自不得不加重負擔以作相當的救濟。故在自食其力的觀點看來，有良心的父母、實應防患未然，少生些兒女，免使社會又增加若干寄生的人。在經濟寬裕的家庭中、兒女雖多，其飲食衣服以及敎育所需、爲其經濟能力所能勝任，不會形成寄生社會的事實。自此一方面看來，固可謂爲無傷於社會。但自另一方面看來，人口增加率過高，亦不免爲社會帶來隱憂。故不論家庭的經濟情況如何，兒女衆多，對於社會的健全、不會有良好的影響。

(二)第二件所須做到的事情、是不說傷人安寧的話，不做傷人安寧的事。當他人怡然自得的時候、我若加以辱駡，則其人必心情激動而喪失安寧。當他人身心俱泰的時候、我若加以毆打，則其人必心感憤怒而身覺痛楚，身心雙方俱爲之不安。辱駡與毆打、都足以傷人安寧，故是不可以說不可以行的。安寧是人生最基本且最切己的要求，故爲他人創造安寧，是最大的善行，破壞他人的安寧，則爲最大的罪行。常人能力有限，未必足以爲他人創造安寧，至於不破壞他人的安寧，則人人所優爲。故不破壞他人的安寧，是每一個人最起碼的義務，不能諉爲力有未逮。然則何所據以判別言行之會否破壞他人的安寧？最簡明扼要的標準、莫過於論語顏淵篇及衞靈公篇所載孔子的告誡：「己所不欲，勿施於人」。各人的不欲、雖未必完全相同，却大致無異。自己所不欲的、當亦爲他人所不欲，自己所不欲遭受的、當亦爲他人所不欲遭受。不欲遭受而遭受，必會感到不安，在己如此，在人當無二致。所以只要自忖不願受諸他人的，不以施諸人，則必不會破壞他人的安寧。辱駡是自己所不願受的，則不辱駡他人，毆打是自己所不願受的，則不毆打他人，能如此，他人的安寧決不會爲我所破壞。「己所不欲，勿施於人」、不是一件高不可及的難事，只要立志去做，很容易做到。

孔子此一告誡、似乎平淡無奇。平淡確屬平淡，但若不洞見人心隱藏的缺點，不能作如此切要的指示。人人的心底、都存有一種劣根性，偏偏要把自己所不欲的施於他人。自己不願受人家的侮辱，却偏偏喜歡侮辱他人，自己不願受他人的欺騙，却偏偏喜歡欺騙他人。一若不侮辱他人，不足以顯示自己的高貴，不欺騙他人，不足以顯示自己的高明。依照心理學家所說，人們的快樂之中、有一種是建築在他人的痛苦上的。例如有人把他人逼得窘態畢露，引以爲笑樂，甚至把他人打得痛哭哀啼，引以爲快慰。這種劣根性、幾爲人人所同有，不過或強或弱，其程度不同而已。孔子洞見此一劣根性，特別指出，要大家予以剷除，故其說雖平淡而彌覺可貴。

不說傷人安寧的話，不做傷人安寧的事，不但可以保全他人的安寧，亦可以保全自己的安寧，不但利人，亦足利己，故爲自己打算，亦當盡力實行。不辱罵他人，不毆打他人，其足以保全他人的安寧、已如上述，其足以保全自己的安寧、亦甚明顯。辱罵他人，除了特殊情形下其人不屑或不敢回罵外，一定不甘忍受，會以同等惡毒或更惡毒的言詞來回罵。遭受了惡毒的回罵，心境的安寧便無法保持了。毆打他人，亦有同樣的後果，除了對方不屑或不敢還手外，亦必不甘示弱，以拳脚回敬。遭受了拳脚的報復，心情與身體兩皆無復安寧之可言。此種不安、都是自己所招致。故欲保全自己的安寧，亦當謹守「己所不欲，勿施於人」的原則。

不說傷人安寧的話，不做傷人安寧的事，對於整個社會的安寧、亦大有貢獻。此人辱罵彼人，彼人回過來辱罵此人，此人毆打彼人，彼人回過來毆打此人，互罵互打，擾攘不休，無端製造出許多不幸的事件，社會安寧的氣氛、勢必爲其所破壞。假使人人能不說傷人安寧的話，不做傷人安寧的事，社會上許多不安現象、一定不會發生。故欲保持社會的安寧，亦有待於大家之實行「己所不欲，勿施於人」。

㈢第三件所須做到的事情、是約束自己的言行，免貽社會以不良的影響。每一個人、不論其地位高下如何，亦不論其聲望大小如何，其一言一行、都有或強或弱的暗示力量，都會或廣或狹或久或暫影響他人的言行。每一個人、又都具有或強或弱的被暗示性，看見或聽到了他人的言行，會在不知不覺中、接受其暗示而與之作同樣的言行。兒童與少年、理智尚未成熟，知識短淺的人、辨別力不夠發達，尤易接受他人的暗示。其常見者、如裝束的流行，其偶見者、如羣衆的暴動，莫非暗示力與被暗示性兩相搭配而成。故善言善行、會貽社會以善良的影響，惡言惡行、會貽社會以邪惡的影響。故甘願爲社會的罪人則已，若不欲爲社會的罪人，則必須約束自己的言行，防止其踰越正道，以盡最低限度的義務。

容或有人、以爲自己位卑人微，所言所行、不足以影響他人，不必過於約束以自苦。此則於影響的實情、認識得猶嫌不够深切。地位不高，聲望不著，其影響力量誠然較弱，其影響範圍誠然較狹，但不是絕無影響可言。人人都有其家庭，都有其子女，縱因位卑人微，其言行的影響不能擴至家門以外，亦必顯現於家門以內。幼稚的子女、莫不崇敬其父母，莫不以父母所言爲是，以父母所行爲榮。韓非子外儲說左下載：「齊有狗盜之子，與刖危子戲而相誇。盜子曰：『吾父之裘獨有尾。』危子曰：『吾父獨冬不失袴』」。父母的言行對於幼稚的子女、其影響力的強大、觀於此例，可以了然。子女在幼小時，耳濡目染，養成了習慣，長大以後、不易改變。故爲教育子女計，做父母的人亦有約束自己言行的必要。

地位愈高，聲望愈著，其影響力量愈強，其影響範圍愈廣，且歷久而不衰。所以有地位有聲望的人、更應提高警覺，謹言愼行，若稍涉疏忽，很易引發意想不到的惡影響。尤其平時領導輿論、守正不阿而爲大衆所敬佩的人、對於某一事件、偶一不愼，表示了稍稍過正的態度，附和的人會推波助瀾，小題大做，釀成偏激的思潮。有地位有聲望的人、偶或做了不甚得當的事情，他人做了同樣或更甚的失德事情，會引以自恕，謂某人尙且如此，我輩常人，更何足論！諺云：好事不出門，惡事傳千里。我們亦可說：好樣無人顧，惡樣都會學。有地位有聲望的人、盡力示人以好榜樣，尙未必能收移風易俗的效果，若示人以惡榜樣，則風行草偃，社會風氣更將不堪問了。所以地位愈高，聲望愈著，其所負責任亦愈大。

個人的起碼義務、是要不貽社會以不良影響，但事實上却正有些人在有意無意之間、公開從事於不良影響的製造。這眞是可悲可痛的現象。公開製造不良影響的人、其顯著的、有經營某種特殊娛樂業務的老闆，有前往尋歡作樂以維持其營業盛況的顧客。沒有老闆來設備這些特殊娛樂的場所，顧客自無從前來尋歡作樂，沒有顧客前來尋歡作樂，老闆亦無法維持其營業。所以這些造孽的特殊娛樂、是老闆與顧客合作的產品。富商巨賈、在歡場中、一擲千金，自以爲自己辛苦賺來的錢、自己喜歡如何使用，便可如何使用，不必多所顧忌。殊不知他們的豪舉、別人見了，羨慕不已，亦想及身一試，手頭無此巨款，便不惜用不正當的手段來籌措。歡場中的濶客、假若有人能查明其金錢的來源，則來自侵佔、來自收賄、來自詐騙、來自偸竊的、其數定不在少。小偸所得、用以養家活口的少，用以吃喝嫖賭的多。所以社會上有許多犯罪、是富商巨賈們豪舉的不良影響所引起的。特殊娛樂是富於誘惑力的毀人坑，意志不堅定的人、有如飛蛾撲火，甘願墮入其中以自取毀滅。故歡場的主持者與贊助人，若能大發慈悲，放下屠刀，使這些毀人的陷阱歸於消失，其造福社會、必不淺尠。

㈣第四件所須做到的事情、是犯了過失，應當立即矯正，同樣的過失不任其第二次再犯。爲人而能終身未嘗犯有過失，自是最理想的，可說是名副其實的完人。但如此的完人、只能存諸想像，難求見諸事實。人們能做到論語學而篇所載孔子的敎訓「過則勿憚改」，已可說是盡了做人的義務。顏淵是孔子最得意的弟子，孔子嘗稱之爲賢者。據雍也篇所載，魯哀公有一次問孔子：那一個弟子最好學？孔子答以顏淵，並擧其所以足稱好學的理由之一云：「不貳過」。「不貳過」、即是犯了一次過失以後，立卽改正，第二次不再犯同樣的過失。孔子以「不貳過」爲好學，爲賢者，可見孔子並未苛責人們以終身不犯過失，只求人們有了過失能立卽改正而已。終身不犯過失、是無法做到的，「不貳過」、只要立志肯做，是人人所能做到的。

「不貳過」雖是人人所能做到，但事實上却仍多貳過的人。孔子在公冶長篇內揭發其原因云：「已矣乎！吾未見能見其過而內自訟者也」。孔子此言、把人們深藏心底的隱微，一語道破，眞是深刻之至，同時亦非常沉痛，因爲人人有了如此的劣根性，貳過的現象便不易絕滅。「能見其過」、卽是自己承認自己有了過失。「內自訟」、卽是自己在心內悔恨有此過失而加以譴責。故「未見能見其過而內自訟者也」、卽言從未看到一個人、能自己承認過失而又譴責過失。常人的心理、確如孔子所言，自己犯了過失，總想把過失的原因轉嫁於別人，把過失的責任推卸於別人，幻想自己未有過失，以寬慰自己。例如偶一不愼，碰翻了桌上的茶杯，不怪自己不小心，却怪別人把茶杯放在不應放的地方。及至過失的責任非常分明，無可推卸，則又引別人所犯更大的同類過失作比較，以見自己所犯過失的微不足道，用以寬恕自己，用以避免自己的譴責。例如侵佔了小額的公款，便引別人的大額侵佔作比較，謂自己小小的侵佔算不了一回事，於是驟覺輕鬆，一若未嘗犯有過失。承認過失與譴責過失、是改過所不可或缺的條件。自己承認過失，纔會引起改過的念頭，自己譴責過失，纔會堅定改過的決心。常人只知自寬自恕，所以貳過的現象層出不窮。孔子此一慨歎、深盼大家能擺脫此一劣根性，「能見其過而內自訟」。

論語衞靈公篇又載有孔子的一句話：「過而不改，是謂過矣」，可引以闡明「過則勿憚改」的重要。孔子此語、依字面解釋，謂初犯過失，尙可不稱爲過失，及至不能改而再犯三犯，纔成眞正的過失。至其用意，則可分爲兩方面來闡述。其一、意在寬恕初犯，厚責再犯三犯，其另一、意在阻遏過失之發展爲習慣。這兩種用意、同屬切要，而後者尤爲深長，尤足以提高大家的警惕。任何事情、在剛剛開始而尚未成爲習慣以前，趕緊改正，是很容易改的。及至實行多次，成了固定的習慣，自然而然地只會照着習慣去做，要改就不容易了。過失亦然。犯了某一種過失，等於爲此種過失播下一顆種子，再犯三犯，等於代這顆種子澆水施肥。犯的次數越多，養料越充足，這顆種子便發芽成苗，生長得越快越結實，終於造成過失的習慣，只會依照習慣去做。所以一犯過失，必須在習慣的種子尙未發育以前，及早改正，斷絕其營養，遏止其生機，不讓其長成爲習慣。「過則勿憚改」之所以重要、正因其能遏止過失之成爲習慣。

㈤第五件所須做到的事情、是要把欲望導入正途，不任其氾濫。欲望是人人所同有的，上自聖賢，下至愚夫愚婦，沒有一個人不懷有欲望。欲望且與人生相終始，有生之年莫非有欲之日，自呱呱墮地以迄最後一次呼吸，無時無刻不在欲望煎迫之中。欲發橫財，欲掌大權，固是欲望，學成學者，欲爲善人，亦是欲望，乃至欲養成無所希求的胸襟，又未嘗不是一種欲望。欲望而獲得滿足，則欣喜，欲望而遇到挫折，則煩惱。欲望是人生的一件大事，故如何處理欲望、是人生的一個大問題。

關於欲望的處理、世間有不同的看法。有人把欲望看成萬惡的源泉，因而主張絕慾。有人以爲人生短暫，正當及時行樂，因而主張縱慾。有人以爲欲望可善可惡，因而主張導慾。欲望與生俱來，與死俱去，除非消滅生命，欲望無法盡除，故絕慾主義是無法實行的。欲望本身是盲目的，不加控制，可能招來災害，故縱欲主義是不可採取的。欲望而引導得宜，足以致善，引導不得宜，足以致惡，故導慾主義最爲可取。此下試述導慾的要點。

一須端正欲望的方向，亦卽愼選事物以爲所欲的對象。世間事物、有不得不欲的，有可欲的，有不可欲的。饑而欲食，寒而欲衣，凡維持生命所必需的、都是不得不欲的。如名譽、如信用、如淸潔、如整齊、凡對於人生安寧能有所貢獻的、都是可欲的。如盜竊、如欺詐、如汚穢、如紛亂、凡對於人生安寧只會有所傷害的、都是不可欲的。所以我們的欲望、只應趨向前二種事物，不可趨向後一種事物，其理甚明，無庸多說。可欲的事物，誠然都可以選爲所欲的對象，但人各有所長，亦各有所短，故可欲的事物之中、有爲此人所可選以爲所欲的對象而爲彼人所不宜選取的。繪畫與音樂、同爲可欲的事物。但患有色盲的人而立志做畫家，聽覺不銳敏的人而立志做音樂家，所選非所宜，不能有成功的希望。故在決定欲望方向時、又須度德量力，選取自己所能發展的以爲所欲的對象。

二須調節欲望的強弱，使其發揮正當的作用而不帶來有害的後果。飮食是不得不欲的，但若食慾過盛，喝了牛奶，又喝果汁，吃了布丁，又吃酥糖，口不停吃，胃不停納，終必招來腸胃的疾病。閱讀文藝作品，如著名的小說，是一件可欲的事情，但若興趣過濃，看了一部，又看一部，日夜沉溺其間，至於廢寢忘食，則有傷身體的健康。故在欲望過強時、應當設法減低其強度，令其適可而止。反之，欲望過弱時、如明知清潔之應當愛好而怕煩不思沐浴，則應當設法提高其強度，使其及度而止。過與不及、人所易犯，故調節強弱、亦是處理欲望的一個重要項目。

三須愼擇手段以滿足欲望。例如財富、非不可欲，但必須得之以正當的手段。勤於工作，以增加收入，省吃儉用，以減少支出，入多出少，日積月累，如此儲蓄以成的財富、方屬可貴。若非得之以正當的手段，如憑藉暴力，或出賣人格，則其所得財富、不論多寡，都是可鄙的。又如名譽、敦品力學以得到的、方屬可貴，詭辯奇行以得到的、亦只見其可鄙而已。運用正當手段以求欲望的滿足，爲儒家所重。論語里仁篇載有孔子語：「富與貴、是人之所欲也，不以其道得之、不處也」，正發揮了此意。

㈥第六件所須做到的事情、是力求充實自己的知識。切勿安於孤陋寡聞。一切言行、用以處世接物，必須仁至而又義盡，二者缺一，便不能謂爲善言善行。仁至與義盡、兩相比較，前者較易，後者較難。因爲只要能够守住一腔愛人的心，不作邪惡的打算，卽可謂爲仁至，其情形較簡單，故其事較容易。欲做到義盡，旣須詳知適用對象的性能與效用，又須詳知處理對象的性能與處境，且須更進一步，詳考這兩種對象之是否宜於配合。某一適用對象、可以適用於具有甲性能或處於甲環境的處理對象，未必亦可適用於具有乙性能或處於乙環境的處理對象，選用何種適用對象，須依處理對象的性能與處境而異其決定，不能拘執一格。第四章內已有所闡述，不再贅說。故欲做到義盡，其情形較複雜，其事亦因而較不容易。義之能盡與否、全依知識之足用與否而定。必待知識豐富而正確，方能把握得住適用對象與處理對象的眞相。故知識是義盡的基礎，知識充實、是言行之所以能善的一因。關於同類對象通有性能的知識、可以得之於教科書與參考書，故其獲得較易。關於同類中各個對象獨有性能的知識、非書籍所能載，不得不有待於自己的觀察而後始得，故其獲得較難。顧我們的言行、其大多數是用以處理個體，非用以處理整類，故所須求得的充實知識、其屬於個體的、尤關重要，因而不是掉以輕心所能獲得的。

充實知識，與前五類所須做到的事情、都有密切的關係。人人都須自食其力，而欲自食其力，必須有一技之長。一技之所以能夠見長，必因其具有該技所必需的充實知識。技的種類不同，所需知識的深淺、自亦不同，但其需要相當的知識，則無不同。欲不說傷人安寧的話，不做傷人安寧的事，必先知道何種言行足以傷人的安寧。若併此而不知，則雖存不傷人安寧的心，難免不有傷人安寧的事。欲約束自己的言行，免貽社會以不良的影響，亦須先明白知道何種言行之足以貽社會以不良的影響，否則可能釀成應約束而不約束與不應約束而約束的惡果。欲改正過失，欲導欲望入於正途，亦須於是過與非過之間、正途與邪途之間、先有清楚的辨別，否則亦將空有其心而不能舉其實。故充實知識、又爲個人履行最低限度的義務所必需。

知識既須豐富，又須正確，豐富而不正確，反不如貧乏而正確之有益。故充實知識，不僅僅求其豐富，尤當注重於求其正確。欲使知識正確，必須遵行許多條件，其主要的：一爲保持自家心境的清明，二爲不輕信道路的流言。自家的心境很容易受到攪擾而喪失其清明。清明一經喪失，很易誤眞以爲僞，誤僞以爲眞。卒至眞僞顚倒，而猶自信以爲未嘗有誤。攪擾、有來自感情的，有來自成見的，有來自臆測的。舉例言之，如有人以感情上所願意見其有的認爲實有其事，以感情上所不願意見其有的認爲事實所必無。欲得正確的知識，必須摒棄這些攪擾因子，謹守論語爲政篇內孔子所說的「知之爲知之，不知爲不知」。流言所傳述的、或本無其事，而純出揑造，或雖有其事，本屬細故而張大其詞。三人成市虎，足見流言爲害之可能甚大。流言不可輕信，更不可輕於傳播，所以孔子在論語陽貨篇內說道：「道聽而塗說，德之棄也」。

附錄

如何做父親

本文原載五十七年十月三十一日中央月刊第一卷第一期

導言

父子是五倫之一，向爲我們中國人所重視。父慈子孝、確亦爲此倫應守的準則，且爲家庭幸福的基礎。關於盡孝、亦卽關於如何做子女、古來的聖賢指示得很多，而且有一部孝經，大家奉爲最高的準繩。這一部書、有人推測爲孔子所作，雖不可信，却不失爲有價値的經典。關於盡慈、亦卽關於如何做父親、指示得不多，比諸孝道的指示，數量上相去甚遠。

爲什麼孝道的指示如此多，而慈道的指示比較少？我最初設想：因爲父無不慈而子有不孝。父無不慈，所以不必多所指示，子有不孝，所以要諄諄告誡。社會上流行的「天下無不是之父母」這句話、正與我此一想法相合。然而此一想法、不一定合於事實。子有不孝、世間固多實例，父無不慈、世間亦不少例外。孟子書中卽載有一則極端不慈的故事：「父母使舜完廩，捐階，瞽瞍焚廩。使浚井，出，從而揜之」（萬章上）。舜的父親命舜到倉頂上去修繕，等舜上去了，便把梯子撤去，在底下放火，要把他燒死。瞽瞍又使舜淘井，舜因事爬出，瞽瞍不知，以爲舜還在井內，便把泥土傾倒下去，想把他悶死壓死。像瞽瞍那樣不慈的父親，誠屬世間少有，但既有此事實，還能說父無不慈嗎！做父親的不應當引瞽瞍爲戒嗎！孔子家語載：「曾子耘瓜，誤斷其根。曾晳怒，建大杖以擊其背。曾子仆地而不知人，久之，有頃乃蘇，欣然而起……孔子聞之而怒，告門弟子曰：『參來勿內。』曾參自以爲無罪，使人請於孔子。孔子曰：『……小棰則待過，大杖則逃走……今參事父，委身以待暴怒，殪而不避，既身死而陷父於不義，其不孝孰大焉』」。孔子家語雖是一部僞書，但其所載可能是事實，其所述亦極似孔子語。孔子之所以生氣而欲拒絕曾參的進見、因爲曾參甘受父親大杖的毆擊，不知逃避，幾陷父親於不義。孔子對於曾參的斥責、具有直接與間接兩方面的意義，直接以責曾參的不知逃避大杖，間接亦以責曾晳的因小事而竟痛擊。曾晳是孔子的弟子，是七十二賢人中的一人，孔子曾對之有「吾與點也」的讚嘆。賢如曾晳，尙不免有不慈的舉動，自更說不上父無不慈了。

父無不慈、既非事實，不足以合理地說明慈道之所以少所指示，我不免用小人之心來推度，人們之所以少談爲父之道、殆有所顧忌。有父親在堂的人、若高談如何做父親，而所談又有許多是自己的父親所未能做到，則不免反映自己父親的所短而有譏刺自己父親的嫌疑。父親已去世、自己正做着父親而負有管敎子女責任的人、若高談如何做父親，而所談又有許多爲自己所未能做到，則不免暴露自己的所短而有作繭自縛的恐懼。大家爲了免除嫌疑，不敢多談，爲了免除恐懼，不願多談。若果因此而少談，確亦値得同情，値得原諒。但是該談的、總不能不談。我們只當問：該談不該談？若是該談的，就當放膽而談，只要談得有合於理，不必多所顧忌。

如何做父親、我以爲是一個應該大談而特談的問題。因爲父親是家庭中居於最主要的地位，是家庭幸福的主要因素。父親而做得合於做父親的道理，盡到父親應盡的責任，則家庭可以欣欣向榮，家屬可以安度歲月，否則很易走入相反的方向，全家將爲愁雲慘霧所籠罩。我是一個八十餘歲的老人，父親早經去世，現在來談這個問題，似乎已不會有譏刺父親的嫌疑。我的兒子已進入中年，早已獨立生活，用不到我管教，亦用不到我照顧，現在來談這個問題，亦已沒有作繭自縛的恐懼。卽使有此恐懼，亦不妨根據「有則改之，無則加勉」的原則，用以策勵自己。這個問題既然是應該談的，我又比年輕一輩的人少了許多顧忌，就放膽來談一談吧！

我們的至聖先師孔子、早已重視這個問題。據論語顏淵篇所載，齊國的景公向孔子請教治國的道理，孔子答以「君君，臣臣」後，又加上「父父，子子」。所謂「父父」、意卽做父親的要明白做父親的道理，要實行做父親所應做的事情。他把「父父」與「子子」並列，可見其把如何做父親與如何做兒子同樣看重。不過孔子雖提示了「父父」的原則，在論語中却只見孔子詳論「子子」的道理，沒有看到詳論「父父」的細目。這是別有原因，並非表示孔子以「父父」爲輕於「子子」而不屑論述。當時的人及孔子的弟子、大概亦狃於父無不慈的成見或多所顧忌，只向孔子請教如何做兒子，從不請教如何做父親，遂使孔子沒有詳論「父父」的機會。

據論語子路篇所載，魯國的定公有一次請教孔子：有沒有一句簡單的話、可以使國家興盛，又有沒有一句簡單的話、可以使國家喪失。孔子雖說：沒有一句話能如此簡單而扼要，但終於答道：「人之言曰：『爲君難，爲臣不易』。如知爲君之難也，不幾乎一言而興邦乎……人之言曰：『予無樂乎爲君，唯其言而莫予違也』。如其善而莫之違也，不亦善乎！如不善而莫之違也，不幾乎一言而喪邦乎」。孔子這一番話、發揮了「君君」的基本道理。父在家庭中的地位、可與君在國家中的地位相比並，所以我們常稱父親爲家君。我想：假使有人向孔子請教「父父」的基本道理，孔子會做照這一番話而說道：爲父難。如知爲父之難也，不幾乎一言而興家乎！予無樂乎爲父，唯其言而莫予違也。如其善而莫之違也，不亦善乎！如不善而莫之違也，不幾乎一言而喪家乎！這雖純粹是一種假設，但我確信：此一假設、「雖不中，不遠矣」。因爲一般人結了婚生了子，便自自然然地做父親，很少人體會到做父親的艱難與責任的重大。一般人又狃於「天下無不是之父母」的成見，自以爲對於子女的所言所行、無一不是，子女不得有所違背與抗拒，而不自知所言所行之時或有背於理。這兩種情形、可說是大多數人同有的通病。孔子觀察精密，對於這種通病、決不會視而不見。孔子敎人、總是對症下藥，既看見了此種通病，一定會開出如上的藥方。所以體認爲父的艱難與不以所言爲不可違——這兩點、我敢確信：足爲「父父」的基本道理而有合於孔子垂訓的精神。

以上既提出了「父父」的基本原則，此下試述「父父」較詳的子目。我所想到的、計有六點，現在分述如下。

一、不貽害子女不拖累社會

告子說：「食、色、性也」（孟子告子上）。這句話是很科學的，很合於現代生物學的說法。現代生物學以維護個體生命與延續種族生命爲生物特有的性能，甚且有人以之爲生物特有的目的。告子所說的「食」、正所以維護個體的生命，所說的「色」、正所以延續種族的生命。故食與色、確可以說是生物的通性，或竟可以說是生物同具的目的。人是生物的一種，自亦不能逃出此例。我們做男子的、既分具延續種族生命的能力，自不能不分負延續種族生命的責任而做父親。孟子說：「不孝有三，無後爲大」（離婁上），以不生兒子爲最大的不孝。孟子此言、揭發了吾中華民族的中心理想，亦垂示了中國人爲男子者的最大義務。中國人的看重傳宗接代與香烟不絕、恐怕在世界一切民族中要居首位。因爲看重有後，更進而看重多後，遂以多子多孫爲幸福。欲求有後，必先結婚。有後是一件大事，結婚因而亦成了一件大事。孟子說：「男女居室，人之大倫也」（萬章上）、正表示了此意，其於倫字上加一大字、更明白表示其高超而非尋常。故在中國人的眼光中、結婚不復是一種生理的要求，而是一件神聖的義務。

我們固然應當看重有後，但必須在某種條件之下看重有後，不可以無條件地看重有後，亦即不可以只要有後代便自以爲盡了男子應盡的責任，而不問後代的優劣如何。我們所要的後代、是心身健全的優良後代，不是心身不健全的低劣後代。所生子女而心身健全，纔有榮宗耀祖的希望，纔對得起祖宗，纔可謂爲盡了孝道。所生子女而心身不健全，或愚痴而不能任事，或荏弱而不能謀生，只會玷辱祖宗，那裏還說得上光耀門楣！再就社會而論，亦有同樣的情形。心身健全的人、纔能成爲社會有用的一員，纔能對於社會有所貢獻。心身不健全的人、要仰賴社會的救濟，要加重社會的負擔。所以生下些心身不健全的子女，可說是對於社會的一種不義。「無後爲大」的後字、要解作心身健全的後代，纔不致於發生流弊。

子女心身的不健全、有得自後天的，有出自先天的。出自先天的不健全之中，有些是出自遺傳的。人們所患的疾病、有會遺傳的，有不會遺傳的。不會遺傳的疾病與雖遺傳而不會貽子女以大患的疾病、可置諸不論。若患有會遺傳且會貽子女以大患的疾病，則應當自重，千萬不可拘於「不孝有三，無後爲大」的教訓而胡裏胡塗有所生育。若不自重，旣直接以貽害子女，又間接以拖累社會，不慈不義、勢且集於一身。爲了避免不慈不義而不宜生育的人、應當或抱獨身主義，或於結婚之前、先向對方說明不宜生育的實情而得其諒解。須知「不孝有三，無後爲大」只是經常的道理，遇到特殊情形，便不宜拘執，必須有所變更。孟子說得好：「嫂溺不援，是豺狼也。男女授受不親、禮也，嫂溺援之以手者、權也」，把禮與權分別得很合理。不宜生育而猶求有後、有類於「嫂溺不援」，近於殘忍。守禮與通權、爲儒家所並重。其所以重權、正如公羊傳所說：「權者、反於經然後有善者也」。故經與權、其形跡雖相反，其用意則相同，同在於致善。所以我們於守經以外、不可以不通權。

我們誠然應當有後，但不一定要有多後。多子則多福這一句話、不一定可靠。多子與多福之間、沒有必然的因果關係。多子可能招致幸福，亦可能招致困擾，且後者的可能性遠比前者爲大。你生了許多子女，倘然經濟情況不足以應付，吃不飽，穿不暖，更談不上教育，末了，還是要求助於社會，勉強圖個溫飽。如此情形、豈不貽害子女，亦拖累社會！你的經濟寬裕，足以應付衣食，饑寒之憂雖可以免除，但你的精力有限，子女多了，便不能每一個照顧得都很周到。同胞的兄弟姊妹、性情未必相同。我們教育子女，應當學孔子的因材施教，仔細觀察，發見受教者的優點與缺點，然後分別設法，滋長其優點，矯正其缺點。必如此，纔能教出好的子女來。這是一件大任務，要費一番大功夫。子女多了，便沒有大功夫來完成這件大任務，卒使父職有虧，同時亦躭誤了子女。所以要想「父父」，不論經濟情況如何，還是子女少一點的好。近來有人批評生育節制，謂其純粹出自個人主義與利己主義。但若作通盤考慮，可以發見其並不盡然。生育節制的結果、子女可以獲得較好的教養，社會可以減輕救濟的負擔，能說純粹是個人主義與利己主義嗎！

二、維持家庭的安寧增進家庭的幸福

家庭的安寧、要家中人共同來維持，家庭的幸福、要家中人共同來增進。家中有一個人吵吵鬧鬧，全家的安寧便不易維持，家中有一個人作福作威，全家的幸福便無從增進。所以對於安寧的維持與幸福的增進、全家的人個個有責任，不能獨責之於做父親的人，但父親的責任最大。因爲父親是一家之主，其言行所發生的影響、最廣最深。在父權甚大父威甚高的家庭內、除了父親以外，誰亦不敢吵鬧，誰亦不敢作威。卽使有人吵鬧或作威，必爲父權父威所立卽抑制。在父權不甚大父威不甚高的家庭內、父親以外、可能有人吵鬧或作威，但在其他人心中所引起的不安、必不如父親所引起者之甚。所以父親所負的責任最大，非他人所能比並。

溫暖和睦的家庭、是教育兒童最好的環境。環境對於教育、其影響之大，古來的聖哲都會有所指示。論語陽貨篇載有孔子的兩句話：「性相近也，習相遠也」，謂各人的生性、在善惡上、原來很相接近，沒有多大的距離，其所以或成善人或成惡人、完全出自環境的薰染。荀子在勸學篇內說道：「蓬生麻中，不扶而直」，謂把蓬種在麻羣中，不用東西去扶持，亦會直線地生長起來，用以譬喻環境對於個體具有同化的力量。故環境對於個體、不必有耳提面命之煩，自會收潛移默化之功。環境的範圍甚廣，家庭是環境中最親近的，接觸的機會最多。故在諸種環境的影響之中、家庭的影響力最大最深。溫暖和睦的家庭、容易鑄成樂觀和善而傾向於近人的子弟，冷酷不和的家庭、容易鑄成悲觀孤僻而傾向於離羣的子弟。近人與離羣、對於子女將來事業的成敗、具有極大的影響。故欲子女將來功成業就，家中的和睦、不可不加意維護。

足以破壞家庭和睦的、其事甚多，舉不勝舉。現在討論如何做父親，故僅就做父親的來說，且僅舉破壞力最大而又常見的說一說。破壞力最大而又常見的、計有二事：其一爲對於太太的不忠實，其二爲對於子女的偏愛。

關於夫婦之間的道德、我們中國人所最看重的、是貞節。這實在是一種極好的傳統，我們不但應當努力維護，且應當努力發揚。所可惜的、貞節變成了片面的道德，通常僅責婦方以謹守，未責夫方以共遵。於是夫有外遇，傍人不以爲恥，夫置姬妾，傍人不以爲非。夫方有外遇或置姬妾，婦方若加阻撓，傍人且譏其爲妬婦。夫婦本應互相佔有，不容第三者插足其間，所以妬是應有的情緒，不能謂爲惡德，無寧可說是美德。婦有外遇，夫若縱容，傍人必斥其爲無恥。男女同是人，對爲夫的斥其縱容，對爲婦的斥其阻撓，這未免太不公平了。妬是天生的，無論如何斥責，總難令其消滅。丈夫有了外遇或置了姬妾，太太而秉性剛強，則表現明妬，三日一小吵，五日一大吵，初則口角，繼則互毆，害得子女們終日惶惶，不能安心讀書，不能安心做事。太太而秉性柔懦，雖不敢鬧明妬，但暗妬却總難免，終日抑鬱愁悶，在子女面前訴苦咒駡，水面上雖看不見漩渦，水底下却潛伏着暗礁。如此情形、亦足使子女惴惴不安。現在法律規定一夫一妻制，做丈夫的已沒有納妾的合法權利，但違法的納妾、依然所在多有。對於太太的不忠實、是破壞家庭和睦的基本原因。所以要做一個好父親，須先做一個好丈夫。

對於子女而有所偏愛，亦足以破壞家庭的和睦，並引致其他不良的後果。子女們、尤其幼年的子女們、都希望獲得父親的歡心，都希望享受父愛的溫暖。父親把哥哥或姊姊抱置膝上，相與談笑，弟弟或妹妹看見了，會毫不掩飾地表演一場爭寵的趣劇。他會趕快走過來，爬上另一膝頭。在這個時候，父親若表示歡迎，將其擁諸另一膝上，他便開顏歡笑，若表示厭棄，揮手令去，他必面現惱色或大哭不止。父親同表歡迎，則這兩個兄弟或姊妹、無所猜忌，無所爭執，相安無事而趨於親愛。一表歡迎，一表厭棄，則所歡迎的一方、容易養成趾高氣揚的惡習，而對於所厭棄的他方、加以蔑視，加以欺侮。所厭棄的一方，則既怨父親的待遇不公，亦恨對方的恃寵驕橫。於是父子兄弟姊妹之間、便播下了不和的種子，喪失了家庭的溫暖。其他不幸的事情亦會由此發生，如不良少年的產生、可爲一例。所偏愛的子女、在家欺侮兄弟姊妹，不受到父親的抑制，出外亦易發揮其積習以欺侮他人。所不偏愛的子女、在家既沒有地位，出外便想創造地位，以資補償，於是不惜使用暴力以對付同伴。所以偏愛的結果、既足以破壞家庭的和睦，又足以釀成其他的不幸，做父親的不可以不慎。

三、做一個好人好公民以為子女的好榜樣

兒童最喜歡模倣，又因理智未成熟，沒有分辨善惡的能力，故不知道何種事可以模倣，何種事不可以模倣。於是一有模倣的機會，便不辨善惡而盲目地加以模倣了。所以在兒童的遊戲中、既有冒險救難的模倣，亦有打家刧舍的模倣。兒童模倣的主要對象、是成人。在成人之中、他們所尊敬的、爲

他們所樂於模倣，他們所時常接近的、爲他們所便於模倣。父親是他們所尊敬而時常接近的一人，所以父親成了他們模倣的最主要對象之一。我們在家庭中時常可以看到：幼年的子女模倣着父親的坐臥姿勢，亦模倣着父親的喜怒情態，好的壞的都在模倣之列。年齡逐漸增長，模倣固亦隨以逐漸衰減，但自幼耳濡目染，習爲故常，不但視善者爲當然，且亦視惡者爲當然了。於是父親的好榜樣與壞榜樣、同被子女於不知不覺中繼承下去，形成全家人所共有的家庭習慣。常人口中所說的門風、卽指此而言。門風不論好壞，門內人往往安而行之，不出於有意的做作。門風好施予的、自然而然施予，並非以之爲釣名的手段。門風好攘奪的，亦自然而然攘奪，並非以之爲有助於生計。門風之不善者、高明的子女固會發覺而加以改革，但改革需要一番努力，究不若自幼養成之爲易。所以做父親的、應當樹立些好榜樣，以備子女的繼承。

做父親的、莫不希望自己的子女都成好人。要想子女都成好人，自己必先做一個好人以爲榜樣。正如孔子所說：「其身正，不令而行，其身不正，雖令不從」（論語，子路）、身教是最有效的。怎樣的人纔能算是好人、原不是幾句話所能說得盡的，現在姑且簡單地說一說。依孔子的理想，好人必須是一個仁義兼備的人。仁、是親愛的意思，義、是適宜的意思。無論做什麼事，都要出於親愛的動機，且又做得非常適宜，收穫了親愛的實效。試以淺事爲例，見人搬運一大堆貨物，自己正閒着無事，走過去幫搬一部分，搬得小心翼翼，沒有一件碰損，沒有一件落地，省却了搬運者一部分的力氣。幫忙搬運，別無所求，故是仁。幫得適宜，無所損傷，故是義。所以如此的舉動、可算是仁義兼備的舉動。在此一舉動上、可算是一個好人，事事如此，便成十足的好人了。仁而不合於義，不足以爲眞正的仁，義而不以成仁，不足以爲眞正的義。如卽前例而言，待搬的貨物很沉重，自己的力氣本不足以應付，而猶勉強代搬，卒至失手落地，損傷了人家的貨物，幫了人家一個倒忙。這是仁而不合於義的，空有親愛的動機，不收親愛的實效，不能算是眞正的仁。又如待搬的貨物、明知其來路不正，而猶爲之盡力搬運。這是義而不仁的。來路不正的貨物、或得自有害私人的偷竊，或來自有損國庫的走私，原屬不仁的所得。今爲之作有效的幫助，不以成仁，反以成不仁，不能算是眞正的義。故所作所爲、必須是眞正的仁與眞正的義所交織而成的，纔算得上好人。仁而不合於義與義而不以成仁、各是一種過失。有了過失，至少在那一件過失上、不能算是好人。人是容易犯過失的，卽使是聖人，亦不見得終身沒有犯一次過失。然則好人是沒法做到了。此亦不然。我們不怕偶犯過失，只怕一犯再犯而不能改。孔子所要求於我們的、亦只是「過則勿憚改」，不是終身不犯過失。我們有過而能立卽改掉，自可逐漸進入少過的境地，縱猶未能成爲十足的好人，亦當可成爲五六成乃至七八成的好人了。

做父親的、又莫不希望自己的子女成爲好公民。要想自己的子女成爲好公民，亦必自己先做一個好公民以爲榜樣。好公民所須具備的條件甚多，現在亦只舉些主要的條件。孔子常以「主忠信」教人，在論語中說了好幾次之多。「主忠信」、意卽以忠與信爲立身行事的主要守則，我覺得：這兩件事正足爲好公民的主要條件。孔子所說的忠、是竭智盡能、不稍馬虎的意思。不論所擔任的是什麼事情，一經擔任，必盡自己的全心全力，埋頭苦幹，幹出所能幹到的最佳成績。獲選於地方而進入議會，必以無私的態度爲選民爭取應有的福利。受命於國家去辦理某項公益，必以最少的經費舉辦最多的事業。孔子所說的信、是言必顧行、行必顧言的意思。既如此說，必如此做，既如此做，只如此說。言行一致，令人可以完全信任，不必有蒙受欺騙的憂慮。一旦從事於商業行爲，必謹守政府的法令，如實報告營業的情況，不妄圖逃避應納的捐稅。一旦宣誓就任政府的職位，努力做到不妄費一錢、不妄用一人，與誓言相切合。人人能如此既忠且信，社會的安定、國家的興盛、當可指日而待了。故我以爲盡忠與守信、是好公民所必須具備的主要條件。

四、勿以父權為至高無上

父權是應該有的，而且在相當程度以內應該維護其尊嚴的。幼年的子女有待於管教，少年的子女有待於輔導。必有相當尊嚴的父權，管教與輔導方能發生預期的效果。若子女有不適宜的舉動，或足以招致危險，或足以破壞秩序，父親若只能聽其自由，不得稍加干涉，則管教無由實施，輔導亦難奏實效了。所以在相當程度以內維護父權的尊嚴，確有其必要。但維護尊嚴，只可限於相當程度以內，決不可濫予哄擡，令其升入至高無上的境地。有人以爲父權是至高無上的，絕對不容侵犯。故父親有所命令，不管合理與否，子女都該遵從，不得陽奉而陰違。父親有所呵責，亦不管合理與否，子女都該忍受，不得申辯或逃避。懷有此種見解的人且引中國父字的結構以爲理由。父字的篆文、依說文所載，爲「从又舉杖」，像手中舉杖之狀。手中舉杖、表示毆擊。故父字的結構、表示着父親之爲有權毆擊的人，亦表示着父權之爲至高無上。更有人本此見解，提倡父親對於子女、只宜事事臨以嚴厲，不得稍有慈愛的表示。所謂「筷頭上出逆子，棒頭上出孝子」、正是此一見解通俗化了的諺語。專用筷頭，過於溺愛，誠足養成逆子，專用棒頭，過於嚴厲，亦未必眞能養成孝子。棒頭所能養成的，充其量，或是順從的不孝之子，或是面從而心不從的假孝子。此一道理、可自古來聖賢的教訓中推而知之。曾參誤斷瓜根，其父曾皙用大杖痛擊，曾參甘受而不逃避，可謂順從極了，但孔子責以「其不孝孰大焉」而欲拒絕其進見。像曾參那樣順從，還被孔子斥爲不孝。由此返觀，可見曾皙的杖擊、有違父道，棒頭不是可以濫用的。孟子說：「以力服人者、非心服也，力不贍也」。棒頭是一種力，用棒頭來教訓子女、正是以力服人。子女懾於棒頭的力，只得服從，不敢違抗。所受責打，縱屬罰當其罪，子女在受責之際、還未必心悅誠服，若是冤屈的，則臉上雖無表示，心中必更存反抗的念頭。面從心不從、那裏算得上眞孝子！所以夏楚之威、只可於不得已時偶一用之，不是可以常用的。

中國古代聖賢之不以父權爲至高無上、不以爲不可侵犯、在許多言論中反映得很明顯。論語里仁篇載有孔子的一句話：「事父母幾諫」。「幾諫」是柔聲下氣的諫，與事君的犯顏極諫、誠然大不相同，但總不失爲諫的一種。爲子女的爲什麼要諫？一定因爲父親的所爲有不合理處，故欲加以勸阻，或因父親的命令不可以實行，故請其收回。爲子女的得加勸阻與得請收回成命，正反映着父權之既非至高無上亦非不可侵犯。孝經且說：「父有爭子，則身不陷於不義。故當不義，則子不可以弗爭於父……從父之令，又焉得爲孝乎」。父親有不合於義的言行，爲子女的若一味順從而不敢爭，反成不孝。爭、比諫更進一層，含有不聽則不止的意思。爲子女的可以爭到必見聽從而後已，則在爭的期間、可以不順從父親的命令。爭之不得，又將如何？「從父之令、又焉得爲孝乎」，順從了父親不義的命令而陷父親於不義，不得爲孝，則欲爲孝子，自不應從了。父親的命令既不該不分皀白而一律順從，可見父權不是不可侵犯的，因而亦不是至高無上的。荀子子道篇亦說：「從道不從君，從義不從父，人之大行也……孝子所以不從命有三：從命則親危，不從命則親安，孝子不從命乃衷。從命則親辱，不從命則親榮，孝子不從命乃義。從命則禽獸，不從命則修飾，孝子不從命乃敬。故可以從而不從、是不子也，未可以從而從、是不衷也。明於從不從之義，而能致恭敬忠信端愨以愼行之，則可謂大孝矣」。荀子所說、發揮得更詳盡，雖僅舉示了不可從的標準，但其可從的標準，已可於其反面得之。子女對於父親、可從而不從、是不孝，不可從而從、亦是不孝。子道如是，父權之應受約束而不可放縱、亦不難由以推知了。孟子說：「親之過大而不怨，是愈疏也，親之過小而怨，是不可磯也。愈疏、不孝也，不可磯、亦不孝也」（告子下）。孟子以「親之過大而不怨」爲不孝，亦反映了父權之不可以放縱。所以在儒家的道德學說中、都未以父權爲至高無上。

父權、在相當程度以內、應該維護其尊嚴，但決不可以濫用。嘗見一位做父親的人、無端肆其淫威以羞辱其子。那位父親在家庭中、本是一位暴君，興之所至，隨便毆擊子女，其子女必須欣然接受，倘有怨色，更加重責。他以此爲得意，時時誇耀於儕輩，某日赴某友宴會，父子同往，又以此誇耀。爲了證實起見，談笑之際、突然變色，舉起扇柄，命其子在衆友的面前伸出手來受責。其子早經成年，且在社會上已有相當地位，積威之下、不敢不從。如此濫逞淫威的父親、固屬絕無僅有，但喜怒無常、使子女無所適從，任意遷怒、使子女無端受責，則屢見而不一見。喜怒無常與任意遷怒、本不是應有的行爲，以之施於子女，徒使子女困惑而致疑於父權之應享有尊嚴。孔子說：「過猶不及」，過度與不及度、同屬有害。一順子女的自由，不稍加管束，其害甚大，過於束縛子女，甚至濫施淫威，其害亦甚大。運用父權、應當斟酌於過與不及之間，務得其中，務得其正。得中得正、不是易事，爲父之難、正在於此。但亦唯其不易，尤不可以不愼重將事。

五、勿對子女過存奢望

望子成龍，望女成鳳，這是人的常情，天下爲父母者莫不存此期望。成龍成鳳、是好事情，不但足爲家庭的榮譽，亦足爲社會的光輝。假使社會上盡是些庸庸碌碌的人，沒有若干傑出的人才爲社會謀福利，則社會又怎能進步！所以父母這種期望、原屬値得提倡，不當加以抑制。不過成龍成鳳要有成龍成鳳的材質。子女而具有成龍成鳳的材質，自當盡力培養，令其發展爲龍爲鳳。子女而不具成龍成鳳的材質，若亦強逼其成龍成鳳，徒然苦了子女，亦使自己墮入失望的深淵。成龍成鳳的基礎、在於高深的學識。故欲子女成龍成鳳，必先令其接受高深教育。但高深教育不是人人所能接受的，要看其天賦的資質如何。孔子說：「中人以上、可以語上也，中人以下、不可以語上也」（論語雍也）。孔子這一番話的目的、在於闡明教育的深淺應當與天賦資質的高下相適合。孔子把人的資質分爲三級：一爲中人以上，即資質高超的人，二爲中人，即資質尋常的人，三爲中人以下，即資質低下的人。中人以上、纔可授以高深的學問，中人可授以不太深亦不太淺的學問，中人以下、只可授以淺近的學問。受教的深淺與資質的高下、必須兩相適合。孔子此言、揭示了教育上不易的原則，必如此，方可以收教育的最大效果。爲父者不明此理，往往因爲期望太切，不管子女的資質如何，必欲令其接受高深教育而後已。於是遇有子女中小學成績不佳，他日不易通過大專聯考的難關，便加以責罵，甚或施以體罰。須知聰穎不用功而成績不佳，未盡全力，嚴厲督責，可以收效，愚鈍用功而成績不佳，已盡全力，若猶嚴厲督責，徒足以損害子女心身的健康而於事無補。故爲父者必須審察子女的資質，以決定其應受教育的程度，切勿爲虛榮心所困擾。子女爲可造之材而不令其接受高深教育，自於父職有虧，子女非可造之材而強欲其接受高深教育，亦非父職所宜出。因材施教，纔是正當的辦法。

世俗眼光中的成龍成鳳與否、決於地位的高下與收入的多少，亦即以富貴貧賤爲衡量的標準。富者貴者、纔算得上龍鳳，貧者賤者、不能入於龍鳳之列。富貴貧賤、各有等差。富貴之上、有更富更貴者，貧賤之下、有更貧更賤者，所以總是比上不足而比下有餘。人們若能下比，隨時可以得到安慰，若只注意於上比，則無時不在煩惱之中。人們懷着強烈的期望時、總是傾向於上比，無暇轉向下比。於是爲父者見其子女的地位與收入、不若自己在相等年齡時那樣高那樣多，便斥爲不肖。或見戚友的子女飛黃騰達，而自己的子女遠不如人，便斥爲無能。這些斥責、非必允當。時代有不同，遇合有不同，不可以一概而論。民國初年、國外大學畢業歸來，即可在大學充當教授。今則得有碩士學位者、只能任講師，得有博士學位者、只能任副教授。時移勢易，不能以當年的情形作爲現時的衡量尺度。具有同等學識與才能的兩人、其一人幸而遇到識馬的伯樂，便獲得飛黃騰達的機會，其另一人不幸而遇不到伯樂，自不免嚐到伏櫪的苦果。有遇有不遇，未可責不遇者爲無能。尤有甚者，有的父親見到他人以不正當的鑽營手段謀得了高位厚祿，怦然心動，慫恿子女不妨偶一試行，則更不可以爲訓了。孔子說：「富與貴、是人之所欲也，不以其道得之，不處也」（論語里仁）。不以正當的手段得來的富貴、到手以後、尚須放棄，其不當以不正當的手段求取、可不言而喻了。所以對於不正當的手段所得來的富貴、爲父親的不可投以羨豔的目光，只宜切戒子女的效尤。父親對於子女、應當懷有期望，但所期不可以過高。

孟子說：「古者易子而教之。父子之間不責善，責善則離，離則不祥莫大焉」（離婁上）。孟子於「父子」下用着「之間」二字，則爲子者固不當責善於父，爲父者亦不當責善於子。自其所云「古者易子而教之」推之，則尤着重於父之不責善於子。至於責善之爲何事、其上文說得很明白。「教者必以正。以正不行，繼之以怒。繼之以怒，則反夷矣。夫子教我以正，夫子未出於正也，則是父子相夷也。父子相夷，則惡矣」。故孟子所云責善、是責行爲的正當，不是責富與責貴。爲人可以不富不貴，却不可以不善。故富貴可以不責，善是不可以不責的。孟子爲什麼連善都不許責呢？孟子所言的不責善、不是絕對地不要責善，只是爲了維持父子之間的感情，教爲父者不要自負責善的責任，最好易子而教，把此一責任交給爲師者代負。孟子此言、尤其爲己身不正的父親而發。己身不正，以正教子，纔有反唇相稽的可能，己身若正，便可無此顧慮。故自省己身未能盡正的父親、尤應易子而教。所以孟子並非教人不要責善於子，只是教人不要親自去責，若欲親自去責，必先自己成爲一個十足的善人。責善與責富責貴不同，責富責貴、不可以高，責善則不嫌其高。

六、勿存養兒防老的觀念

「積穀防饑，養兒防老」、是社會上通行的諺語，大家不以爲非，但仔細一想，未見其爲無瑕可摘的至理。子女奉養父母、只是盡孝的初步，若連此初步而不能做到，復何孝之可言！至於父母年老，不能謀生，子女之應當奉養、更不待言。甘旨之奉，是子道所應盡。現在談父道，非談子道，只就爲父者的這一邊說，不兼及爲子者的那一邊。就爲父者一邊來說，不宜存有養兒防老的觀念。撫養子女、不可視同放債，不可把此日在子女身上所費的勞力與金錢視爲貸款，亦不可把子女他日的奉養視爲本利的收回。一把撫養子女視同放債，便難免發生偏而不公的情形。放債的時候總要選擇可靠的對象，償還的希望甚大的、放心貸與，且多多貸與，償還的希望較小的、便心懷遲疑，或略予點綴。在現時的社會上、男子的經濟能力較高，女子的經濟能力較低，於是家庭中便發生重男輕女的現象。同屬男子，聰穎者的前程較遠大，愚鈍者的前程較狹窄，於是家庭中又有偏愛現象的發生。歧視與偏愛、都足以引致不良的後果，前已言之，不必再說。總而言之，把撫養子女看成經濟行爲、是一種不健全的看法，不當隨聲附和。

撫養子女、只是爲父者應盡的義務。民族的綿延、要靠子女的生生不已。初生的子女沒有生存的能力，設無父母爲之供給衣食，其死亡可立而待。數歲以後，還沒有謀生的能力，設無父母爲之供給衣食，其夭折亦不能倖免。所生子女而盡夭折，民族怎能綿延！維持民族的綿延，人人有責。爲父者的撫養子女、只是盡此一份責任而已。民族的綿延、除了有賴於生命的繼續外，尤有賴於文化的進步。假使文化滯留不進，終亦必爲他族所吞噬。欲謀文化進步，必須致力於教育，使後代勝過前代。所以爲父者、除了負有撫養子女的義務以外，又負有教育子女的義務。能盡力撫養子女、教育子女，纔是民族的肖子，否則便成民族的罪人。爲父者欲免爲民族的罪人，自當善盡教養子女的義務而不認爲私人的經濟行爲。

我們中國有一個很好的傳統觀念，把義務看得很重，把權利看得較輕。義務所在、應當爭先恐後以赴，權利所在、能退讓則退讓，不以爭取爲當然。人人能勇於盡義務，怯於爭權利，社會自然安寧，不會有紛擾的現象。養兒防老、是一種權利思想，謂爲父者有收回貸款本利的權利，因而有享受子女奉養的權利。此一思想、衡以重義務而輕權利的傳統觀念，不能謂爲健全。中國還有一個很好的傳統觀念，就是施恩不望報，現在社會還能繼承不墜。我們常見報載，有人捐助巨款，有人救人於難，而不自留姓名。其不自留姓名，正表示了不望報的純潔動機。這是最合道德理想的舉動，值得特別讚揚。施而望報、當然不能算是壞事，因爲比不施總要好得多，但自動機的純潔一點上看來，總比不望報的要差一些。父母的養育、誠所謂罔極之恩，無論如何報答亦是報答不盡的。但自爲父者一邊來說，施恩而望報，究不合於最高的道德理想。養兒防老、是施恩望報的思想，衡以傳統的觀念，不能算是健全。

關於兒子的財產、從前有一種說法，謂父在、子不得有私財，意卽父親在世的時候，兒子有所收入，必須全部獻給父親，不得據爲己有。道德以此爲敎訓，法律亦嘗以此訂入條文。此一方式、在經營共同生活的大家庭時代、有其必要。因爲父親爲一家之主，負有統籌全家生活費用的責任。若兒子所得、各歸己有，不歸父有，全家的生活如何維持！但此一方式、在過去亦並未徹底實行。一因不准保留私產、過於拂逆人情，爲事實所沒法做到。二因近時的大家庭、大抵採用兄弟同居分炊的辦法，已無盡收子有爲父有的必要。今則時勢變遷，大家庭已漸變爲小家庭，各自獨立生活，旣無共財的必要，亦無共財的可能。且保有私有財產、又爲人格構成的一個要件，不得隨便侵犯。故時至今日，爲子者自仍應各作甘旨之奉，爲父者却不可以仍存父在子不得有私財的觀念，若猶固執不捨，則未免太不合時宜了。

如何做子女

本文原載五十七年十二月一日中央月刊第一卷第二期

導言

前寫「如何做父親」，預定再寫此文，以相配合。父子是五倫中的一倫。此所謂倫、原是人倫的略語，以今語言之，卽是人事方面的相對關係。父與子、各爲相對關係的一方，是兩個相對名詞。故必對子而言，始得稱爲父，亦必對父而言，始得稱爲子。撇開了此層關係，這兩個名稱便無所適用了。在人事方面構成相對關係的雙方、各有其應盡的責任，亦各有其應守的分際。雙方各能盡其所應盡，守其所應守，則關係和諧而得安樂，一方怠忽其所應盡，逾越其所應守，則關係失調而使他方陷入煩惱。雙方各不盡其所應盡，各不守其所應守，互相侵擾，各不能安，則關係且隨以破裂而不能維持。父子是人事方面相對關係的一種，亦各有其應盡的責任與其應守的分際。雙方各能盡其所應盡，守其所應守，則家庭和睦，得享天倫之樂。設或一方或雙方不盡其所應盡，不守其所應守，則責難時起，天倫之樂勢且變成天倫之苦。家庭間的大小變故，此亦爲其重要原因。盡其所應盡與守其所應守，在父稱爲慈，在子稱爲孝。故必父慈子孝，而後始有家庭樂趣可言。孔子有鑒於此，故主張「父父。子子」（論語顏淵），把「父父」與「子子」並列，要求爲父的與爲子的各盡其所應盡，各守其所應守。孔子雙方並責，不偏責一方，其見理之明，確屬高人一等。

孔子所主張的「子子」及五倫中的父子、其所用子字、究係專指兒子抑或兼攝女兒、不易臆斷。「子子」的第二子字、實係孝字的意思。做兒子的應當盡孝道，做女兒的亦同樣應當盡孝道。故依道理言之，「子子」的第一子字，不應專指兒子，亦應兼攝女兒。且論語所用子字、雖多明指男性者，亦有明指女性者，並有暗示其為兼攝男女兩性者。如「孰謂鄹人之子知禮乎」（八佾）與「亦各言其子也」（先進）中的兩個子字、明指兒子。「以其子妻之……以其兄之子妻之」（公冶長）中的兩個子字、明指女兒。「則四方之民襁負其子而至矣」（子路）及「子生三年，然後免於父母之懷」（陽貨）中的兩個子字、當係兼攝兒子與女兒。因為四方來歸的人民不會只携兒子而盡棄其女兒，三年的懷抱、是兒子與女兒同有的情形，不是兒子所獨有的。以這些例為依據，亦不妨推定：「子子」的第一子字兼攝兒子與女兒。但孔子當時還是男性中心社會，所作言論、往往偏就男性而發，不兼及女性。孔子此言、又係對於齊景公問政時所作答語的一部分，更可能偏就男性立論。故「子子」的第一子字，甚有偏指男性的可能。時至今日，男女平等、已為法律所規定，重男輕女的風氣，在家庭中亦已漸趨改善。男女同受教育，同為社會服務，同有財產繼承權，在權利義務上已沒有分別。使孔子而復生於今日，一定尊重時宜，把兒子與女兒同樣看待，同樣責以「子子」的任務。故本文以如何做子女為題，明示其為兩性所應共守。

本文雖泛言子女，未劃定何種年齡的子女以為範圍，但文中所說，並非不問年齡，普遍要求於一切為子女的人。有若干事項，例如自食其力與奉養父母、不但不是幼年子女所能承擔，亦為青少年子女所不能承擔，而且卽使成年了，在學業未成之前，亦有無力承擔之苦。故本文所說、係偏重成年而學業已成的子女立論。其已具此項條件者、必須全部實行，不得有所偷漏。其未具此項條件者、應擇當時力所能任的努力實行，其力所不能任的、則期實行於他日。幼年子女、能力薄弱，能任的事項尙少，則爲父母師長者應隨時教育，以養成其他日實行的趨向。

作者在「如何做父親」一文內、會做論語子路篇所載孔子引以答覆魯定公的「爲君難」一語，以「爲父難」爲「父父」的基本道理之一。「爲君難」之下、還有「爲臣不易」一語。子女對於父母與臣對於君、其所處地位亦相近似，故亦不妨再把孔子所引的一語改作「爲子不易」以爲「子子」的基本道理之一。爲子不易、專指子責之不易盡，不兼攝其他。一個人呱呱墮地，自然而然成了父母的子女，在子女本人沒有什麼不易。餓了，父母會爲之供食，冷了，父母會爲之供衣。及稍長大，父母仍會爲之供給衣食。即使家庭經濟狀況不佳，有饑寒之虞，焦心苦慮的、是父母，不是子女。及再長大，找不到工作，得不到溫飽，這是生活的不易，還不是爲子的不易。爲子的不易、別有所在。在物質方面要使父母不愁匱乏，在精神方面要使父母經常歡樂，這已經不是很容易的事情了。還要更進一步，做出些足以光耀門楣的事業，使戚友們見了你的父母、都會稱讚一聲好福氣，這更非易事了。爲子女的、要時刻存着爲子不易的戒愼心理，兢兢業業，不稍懈怠，庶幾可以成爲一個好子女。若只曉得託父母的餘蔭，在家舒舒適適享受少爺小姐的生活，出外莽莽撞撞做效太保太妹的行徑，則與做子女的道理背道而馳了。

「子子」的另一基本道理、應當採用孔子所主張的無違於禮。論語爲政篇載：「孟懿子問孝。子曰：『無違』。樊遲御，子告之曰：『孟孫問孝於我，我對曰無違』。樊遲曰：『何謂也』。子曰：

『生、事之以禮，死、葬之以禮，祭之以禮』。孟懿子問孝時、孔子答覆得很簡單，只說了「無違」二字，至於不違背什麼、孔子沒有明白說出。孔子恐怕孟懿子有所誤解，所以趁樊遲爲孔子駕車的時候，提及這件事情，並爲之詳細解釋，好讓樊遲轉告。依孔子自己的解釋，「無違」的意義、是「生、事之以禮，死、葬之以禮，祭之以禮」。故所云「無違」、簡括說來，就是無違於禮。爲子女的、一切行事、既須無違於禮，則孔子所說的禮，其意義如何、不可不略加闡釋。

論語衞靈公篇載：「子曰：『君子義以爲質，禮以行之……』」，謂義是本質，而由禮來實行，故禮是義之表現於行事的。心中所認定爲義的，見諸行事，則成禮。例如與人相接，應當親熱，這是心中所認定的義，於是遇到熟人，笑臉相迎，互問安好，這是行事上的禮。在心爲義，在事爲禮。故義與禮，並沒有實質上的差異，只有存諸內與形諸外的分別。禮記禮運篇說：「禮也者，義之實也。協諸義而協，則禮雖先王未之有，可以義起也」，正發揮了孔子此一學理，其言「則禮……可以義起也」，尤表示了禮之以義爲本。孔子所說的義與禮、只有內外的分別，故論語所載的孔子言論中、義字與禮字有時通用。如陽貨篇云：「君子有勇而無義，爲亂」，泰伯篇則云：「勇而無禮則亂」，兩語用字雖有義與禮之別，其意義則完全相同。孔子所說的義、是適宜的意思，亦是應該的意思。所謂適宜、即是實行以後可以收穫美滿效果的，可以爲人們帶來幸福的。因其適宜，故是應該。禮既以義爲本，故禮應當是適宜而應該的行事方式。然試放眼一看世間一般的所謂禮，未必盡然，雖多適宜而應該的，亦有不適宜而不應該的。孟子說：「非禮之禮、非義之義、大人弗爲」（離婁下）。古代已有非禮之禮與非義之義，今世亦仍有之。所謂非禮之禮與非義之義、就是不適宜不應該的禮與義。原屬不義，誤認爲義，遂釀成非義之義。禮由義起，旣有非義之義，便產生非禮之禮。亦有明知其不合於義，徒因其爲社會所崇尙，遂以非禮爲禮而成非禮之禮。寡婦的不再嫁、在不多年以前、猶視爲禮所當然，今日亦尙有人遵守不渝，自明理的人看來，則已成非禮之禮了。孔子所說的禮、當然只包括是禮之禮，不兼括非禮之禮。故所云無違於禮、亦只要求我們無背於是禮之禮，決不會連非禮之禮亦要求我們無違。社會上一切風尙、自其爲行事方式言之，固可同稱爲禮，但其中旣於是禮之禮以外雜有非禮之禮，故不可以無批判地一槪倣行。近日社會頗有尙奢的傾向，尤其擧辦父母的喪事、以爲非場面闊大、不足以盡禮。此與孔子所垂訓的「禮、與其奢也，寧儉」（論語八佾）大相逕庭。擧辦喪事、儒家的賢哲亦均以「稱家之有無」爲敎，不以超越家庭的經濟能力爲然。若家庭經濟能力雄厚，喪事不多費金錢，不足以表示孝思，則節省舖張所費以捐助慈善事業，豈不更有意義，更足以留紀念於久遠！

以上旣述「子子」的基本道理，此下試述較詳細較具體的子目。

一、自食其力不累父母

自食其力，不依靠他人以維持生活，這是人生最基本的義務。其所以爲最基本的義務、甚易理解。因爲假使此人要依靠他人以維持生活，彼人亦要依靠他人以維持生活，人人都要依靠他人以維持生活，又有誰來幫助他人維持生活！且假使眞正釀成了如此的情況，世界上的人類不早經絕滅了嗎！所以人之必須自食其力、是一件極明顯的道理。此一道理、適用於爲子女者的身上，便成了自食其力而不累父母。這當然是就年齡已達到自己能謀生的子女說的。若在幼年或少年，自己還沒有謀生的能力，不得不仰賴父母的撫養，自當別論。卽使已經成年，猶在求學之中，沒有謀生的餘暇，亦當別論。中國有兩句很好的諺語：「好男不吃分家飯，好女不穿嫁時衣」。分家飯、是父母祖先的遺產，嫁時衣、指父母遣嫁時所製贈的衣服，兼括一切奩物。這兩句話、當然不是分家飯不屑吃與嫁時衣不屑穿的意思，意在勉勵爲子女者要有自食其力的志氣，不可專存依靠父母餘蔭的念頭。自食其力，纔算得上好男好女，否則便成了沒有志氣的子女。分家飯、是法律上應當繼承的遺產，嫁時衣、是情誼上樂於製贈的禮物，尚且不可恃以爲生活的泉源，則力能謀生而不謀，依然仰給父母，自更非子女所應有的事情了。爲子女者、應當自己謀生，且應當盡其全力以謀生，不可懈怠，亦不可浪費。收入豐厚，生活不妨稍從寬裕，收入微薄，則必須力求節儉，量入爲出，以免仰賴父母的貼補，以免拖累父母。有些子女、自己不努力工作，却怪父母不供給其生活，或自己揮霍無度，却怪父母不肯滿足其需索，或於父母死後，抱怨父母不遺有大筆的財產。這眞是不孝之尤，爲子女者當引以爲深戒。

爲子女者既必須抱有自食其力不累父母的志氣，在靑少年時代、理智已相當成熟，卽須認識正理，預作準備，好讓所懷志氣不終成虛願。準備工作應從兩方面做起：一爲養成勤儉的良好習慣，二爲努力學得一技之長。靑少年時代、在父母撫養之下、卽應激發良知，不圖閒逸，不怕勞苦，不貪吃美味的食物，不貪穿漂亮的衣服。在經濟尋常的家庭中、洒掃炊洗、應當幫助父母操作。在經濟富裕的家庭中、雖有傭僕代勞，亦不宜飯來伸手、茶來張口，以養成紈袴的習氣。靑少年時代能既勤且儉，養成習慣，他日自立以後，縱使懷才不遇，收入不豐，亦可安之若素，不勞父母的接濟。學得一技之長、尤關重要。現代社會分業愈細，所需技能愈專，沒有一技之長，不易謀得職業。至於所學技術的高低、應依自己的智慧程度與父母的經濟能力而定。自己的智慧卓越，父母的經濟又寬裕，自應從事高深的學問，以期大成。自己的智慧程度不高，或父母的經濟能力有限，則只可學些足以謀生的技能而安於小成。至於所就的職業、世俗以地位的高下與收入的多少判其貴賤，這不是健全的看法。職業的貴賤、應當以正當與否爲判別標準。工程師與技工、著作家與排字匠、同屬正當職業，同屬可貴。賭場的保鑣、侑酒的女侍、纔是不正當的職業，纔屬可賤。爲子女者能從事正當職業，自給自足，不累父母，可謂盡了子女本分中最起碼的部分。

自食其力、不累父母、是原則性的說法，事實上不能沒有例外。學業既成以後、因社會上人浮於事，一時找不到合適的工作，在未有工作以前，自不免依然仰給於父母。或雖有工作，忽患嚴重的疾病，醫藥所需、爲數頗巨，自己的積蓄不足以應付，自亦可以收受父母的接濟。朋友尚且有通財之義，父母子女、骨肉至親，關注更切。父母而樂於接濟，自不當拘於不累父母的原則而謝絕收受。且收受以後、認眞醫治，使病體早日復原以安父母之心，亦不失爲盡孝的一道。患有殘疾，如盲如啞，自不免比諸不患殘疾者，多拖累些父母，多接受父母的撫養。事非得已，不可以常情論。但爲盲啞子女者、亦當自勉爲殘而不廢的人，儘早學些盲啞所能學習的技藝，以備他日能自食其力，以免長期拖累父母。

成家立業以後、究應與父母同住抑或分住、不妨於此附帶討論一下。在現代社會、女子出嫁，例須隨住夫家，應否與父母同住、不大成爲問題。故此處所說、以男子方面爲主。中國人向以五世同堂爲榮。若以此爲理想，自應同住，不當分住。但此一理想、農業社會時代尚可勉強通行，現在已漸入工業社會時代，事實上已不可能通行了。且五世同堂、縱有通行的可能，亦非必眞合理想。歷史上豔稱的張氏九代同居，要靠「百忍」來維持，可見其維持的艱苦。忍、不是一件壞事，却是一件苦事。故與其忍，不若無所用其忍，與其百忍以求九代同居，不若不求九代同居而無所用其百忍。五世同堂、時至今日，已不必引以爲理想。與父母同住與否、應當依客觀的事實與父母的意見來決定。父母與兒子的生活本據不在同地，自無同住的可能。雖在同地，父母所住的房屋狹窄，不能容納，亦無同住的可能。客觀的事實容許同住，則同住與否、應取決於父母的意見。父母喜歡熱鬧而樂於同住，則同住，父母喜歡清靜而傾向於分住，則分住。依作者個人的看法，分住比同住、更能維持感情，增進感情。兒子異居，不時刻聚首，假日暇時，與媳婦孫兒女等同來問候，轉足以使雙方興起「一日不見，如三秋兮」之感而互增思念之情。年齡不同，興趣難免有距離，見解難免有參差，同居一屋，表面互相忍讓，暗中互相抱怨，反不如分住之各能自由自在。惟若父母年老多病，生活不能自理，需人照料，則又當別論了。

二、服勞與奉養

自食其力以免拖累父母、是偏就消極方面說的，現在試說積極方面的服勞與奉養。服勞、是代父母操作，奉養、是供給父母衣食。關於這兩件事、依論語爲政篇所載，孔子曾各有所評論。「子游問孝。子曰：『今之孝者，是謂能養。至於犬馬，皆能有養，不敬何以別乎』」。「子夏問孝。子曰：

『色難。有事，弟子服其勞，有酒食，先生饌，曾是以爲孝乎」。關於奉養、孔子評稱：「今之孝者，是謂能養。至於犬馬，皆能有養」，關於服勞、孔子評稱：「曾是以爲孝乎」，都帶着不滿的口氣。此一不滿的口氣、非表示奉養與服勞之不足爲孝，更非表示盡孝之不在於奉養與服勞。這兩番評論的眞意、重在表示：奉養與服勞只是最低限度的孝，不足以盡孝的一切，爲子女者不當以奉養與服勞自滿，不當止於奉養與服勞。奉養與服勞之上、尙有更高一層應盡的孝道，亦是爲子女者所應勉力做到。禮記祭義篇云：「孝有三：大孝尊親，其次弗辱，其下能養」，以能養爲孝的第三層，可說是正發揮了孔子評論的眞意。至於比奉養與服勞更高一層的孝道之爲何事、孔子在「不敬何以別乎」及「色難」二語中已明白透露了。奉養與服勞是最低限度的孝，亦卽是孝的基本階層，故爲子女者須首先做到。登高必自卑，必先登上了基層，纔有更上一層樓的可能，若連基層都不能到達，尙何孝之可言！

嬰兒呱呱墮地，不能取食，不會穿衣，全賴父母爲之哺食穿衣，始獲生存。牙牙學語，則父母教以事物的名稱，並矯正其發音。初學步履，父母從傍扶持，以防其傾跌。逐漸長大以後、父母雖不復有提携捧負之煩，仍須供給其衣食，留意其寒暖。子女偶患疾病，父母憂心忡忡，爲之延醫，爲之備藥，護理周至，眠食俱廢。父母養育子女、其費心費力之多、有非言語所能形容的。母親的辛勞、尤甚於父親。此種罔極之恩、確是無論如何報答亦是報答不盡的。關於恩惠與報答、中國有很好的傳統觀念，就是施恩不望報與受恩不忘報，在施恩者方面、不要期待報答，在受恩者方面、却千萬不可忘記了報答。若施恩者期待報答，受恩者不以報答爲急務，則必兩相怨尤，施恩者責受恩者爲忘恩負義，受恩者怨施恩者爲責報太甚。若能施恩不望報，受恩不忘報，則雙方關係融洽，可以永保祥和。父母子女之間、亦當適用此項傳統觀念。爲父母者應視養育子女爲人生的義務，子女而有所報答，固可欣然接受，但不責其必報，更不苛責其超越能力的重報。爲子女者則應以報恩爲首要的義務，時刻把報答放在心上，只怕報答有所未盡，決不存聊以應付的念頭。服勞與奉養、只是最低限度的報答，尤不可以怠忽而不盡力實行。

服勞、是爲子女者隨時隨地所可做到的。年齡幼小者、有年齡幼小者所可服的勞，年齡長大者、有年齡長大者所可服的勞。故不問年齡大小，同有服勞的機會。幼年的子女可以幫助父母做些輕鬆的事情，如父母換鞋，可自鞋櫃中取出欲換的鞋而把換下來的鞋送回鞋櫃。少年的子女可以幫助父母做些較繁重的事情，如父母擦洗桌椅，則分擦若干，或代擦全部。青年與成年的子女、其服勞的機會更多，不論輕鬆事情與繁重的事情，都應當分勞或代勞。服勞的唯一限制、是能力。凡力之所能及的、都當服勞，能力所不及的，則不可以服勞。若能力所不及而貿然服勞，會把事情弄糟，會害父母付出更大的精力以從事善後。故凡屬純粹勞力的事情，青年與成年的子女都應當服勞。雖屬勞力而需要相當技巧的事情、則不具備此技巧的子女、不可以代勞。至於勞心的事情、除非子女的所學所事與父母完全相同，大抵不可以代勞。例如父親或母親是農學家，正作培養新種的研究，子女或學法律，或學文藝，自無幫助研究的可能了。西方習俗、爲弟妹服務，例如補習功課，父母亦須付以報酬。此在中國以服勞爲子女最低義務的觀點下、實難謂爲合理。爲弟妹補習功課，正所以減輕父母的辛勞，正是爲父母服勞的一種，如何可以向父母領取報酬！

奉養父母、是學業已成的成年子女所應負擔的義務，尙未成年或學業未成的子女難免不有力不從心之苦，但亦當有一定實行於他日的決心。奉養父母、是原則性的要求，施之實際，可有各種不同的情形。父母精力未衰，尙能從事工作，薪津所入、足以維持生活，或雖精力已衰，不復從事工作，但因平素有所積蓄，溫飽可以無虞，又不忍加重子女的負擔，堅囑不必供養，則子女可以不作金錢的貢獻。但甘旨之奉、還是不可以全免，應當隨時買些父母愛吃的食品以供父母佐膳或零食，買些父母所需要的衣料以供父母服用。父母雖有工作，而所入不豐，或因食指衆多，不敷所出，則子女自應負擔其不足部分的支付。父母年老，無力謀生，平日又無積蓄，則子女自當挑起全部奉養的擔子，不得稍存推卸之心。縱使子女自身所入微薄，生活甚感拮据，亦不得引爲口實而意圖迴避。有飯吃，則父母亦吃飯，沒有飯吃而僅有粥吃，則父母亦吃粥。甚至沒有工作上的收入而全靠行乞以維持生活，亦當首先分其所乞以供養父母。總而言之，供給父母衣食、是子女最低限度的義務，絕沒有推卸的餘地。孟子說：「世俗所謂不孝者五。惰其四支，不顧父母之養，一不孝也。博奕好飲酒，不顧父母之養，二不孝也。好貨財，私妻子，不顧父母之養，三不孝也」（離婁下），不養、眞是不孝之尤。上來統言子女，未加分別。在今日的中國社會、子女所負的義務尙有不能完全相同者，此亦不可以不辨。女子出嫁以後，若仍出外工作而有所收入，自當與爲子者負同樣的義務，若專理家務而自己無所收入，其能否與爲子者負同樣的義務、應依其家庭情形而定，非可以一概而論。

三、關注父母身體的健康

身體健康、是人生幸福的主要泉源之一。子女而欲父母過着幸福的生活，必須注意父母身體的健康而加意維護。關注父母身體的健康、孔子亦列爲孝道的一端。論語爲政篇載：「孟武伯問孝。子曰：『父母唯其疾之憂』。孔子這一句話、古來有兩種不同的解釋。其一、解「其疾」爲父母的疾病，解「憂」爲子女的憂慮。其二、解「其疾」爲子女的疾病，解「憂」爲父母的憂慮。故孔子此語的意思、依第一解釋，是子女憂慮父母的生病，依第二解釋，則爲父母憂慮子女的生病。這二種解釋、比較起來，第一解釋更爲近理。因爲父母憂慮子女的生病，屬於慈道，不屬孝道。子女憂慮父母的生病、纔是孝道。孟武伯所問的、是孝道，不是慈道，孔子決不會答非所問。論語里仁篇又載：「子曰：『父母之年、不可不知也，一則以喜，一則以懼』，亦表示了子女應當注意父母身體的健康。「父母之年、不可不知也」、謂父母的年齡、爲子女者要時刻放在心上。爲什麼要時刻放在心上呢？因爲可藉以「一則以喜，一則以懼」。父母的年齡逐漸增高，得享長壽，想到這一層則喜，父母年齡既高，不免日就衰弱，想到這一層則懼。「一則以懼」與「父母唯其疾之憂」、其立言精神正兩相輝映。

營養不足與辛苦過度、最足以引致疾病。此在任何年齡、莫不如此。老年身體衰弱，尤所必然。故老年人應當節勞頤養，以樂晚年。孟子以「七十者可以食肉矣……頒白者不負戴於道路矣」（梁惠王上）爲養老的理想，正發揮了此意。故爲子女者必須分勞代勞，以減輕父母的辛苦，必須時時供給些滋養品，以補父母的營養。但自另一方面看來，多吃不宜吃的食品、坐臥過多而操作過少、亦足損害健康。孟子雖主張「七十非肉不飽」（盡心下），但自現代衞生眼光看來，老年多食肉類，是否適宜、不無問題，故亦不可以墨守。在道路上負戴過重過遠，固非所宜，但在相當程度以內活動筋骨，則又衛生所必需。故爲子女者、最好多積些老年衛生的常識，多知道些如何調節老年人的飲食，如何調節老年人的勞逸，以備父母的顧問，以備對於父母勸諫的參考。

不幸而父母患有疾病，不可偏信秘方，更不可誤信仙丹。因爲病情未經診斷，貿然服用，恐怕藥不對症，不但不足以治愈，反有加重病況的危險。此在有常識的子女、定知深戒。一有疾病，必須及早就醫，不可觀望。因爲有許多疾病、初發之時、病情未深，卽刻治療，可以霍然而愈，一經拖延，或病情加重，或引起併發症，則治愈較困難了。選擇醫師、亦甚重要。持有正式醫師執照而經驗豐富者、必較可靠。因爲正式醫師、或經過學校多年的訓練，或經過政府嚴格的考試，其醫學知識必甚正確。醫治疾病、除了學理以外，亦靠經驗。經驗多，識見廣，診斷亦必較正確。故父母有病，爲子女者應儘速就正式而經驗豐富的醫師求診。關於父母治病服藥、古來賢哲所垂示的教訓與舊日社會所流行的觀念、其中若干、用意雖在勸孝，所敎則甚不合理。以純孝之心行愚孝之實，在今日科學昌明的時代、自不應取法。舉例言之，如禮記曲禮云：「親有疾飲藥，子先嘗之」。藥之有毒與否、不是沒有醫藥知識的子女一嘗所能辨別出來的，藥之能否治愈父母所患的疾病、不是未患該項疾病的子女一嘗所能試驗出來的，故子女先嘗、可謂一無用處。且滋補的藥品、尙有宜於老年而不宜於少壯的，老年服用，可以增進健康，少壯服用，反有害於身體。至於治病的藥、有以毒攻毒的，有病的人服之，可以去毒，無病的人服之，且將因而中毒，如何可以先嘗！故子女嘗藥、只會有害處，不會有益處。又如舊日社會有割股療親的信念，以爲父母疾病到了危急的時期，子女秘密地割下一塊股肉，煎成羹湯，請父母服用，可以立奏奇效。但實際上人肉不是萬應靈丹，並沒有起死回生的功能。而子女秘密割肉，不讓人知，很可能消毒不淨，傷口發炎，甚且引起其他危險的疾病。所以割股療親亦是無益而有害的。子女本無疾病，徒因嚐藥或割股而傷害了身體的健康，使父母增添一番憂慮，又豈孝子所宜出！

談到疾病，又有一個問題，爲昔日所無而爲今日所可能發生。患了傳染疾病，如霍亂之類，依現在的法令，應當住入隔離醫院，不得在家治療，亦不得在普通醫院治療。一經住入隔離醫院，任何人都不准進入病房探視，至親骨肉亦不例外。今假父母患上此種傳染疾病，究應送入隔離醫院呢，還是不送？遵照法令送往、是理所當然。因爲不送而留在家中，既會傳及家屬，亦會殃及鄰居，勢且成爲播疫的中心。此在道德上、亦是不應有的事情。但在中國人的心目中、父母有病，侍奉湯藥，又是子女的分所應爲。送入隔離醫院，不但不能侍奉湯藥，連探視亦不許可，甚非人情之所能忍。當此之時、理與情相衝突，究應何去何從、成了一個不易解決的問題。孔子教孝，以無違於禮爲基本原則。禮記仲尼燕居篇云：「禮也者、理也」，謂禮出於理而以理爲本。且古人所說的禮、亦包括法令在內。故自無違於禮言之，應當以理制情而遵從政府的法令。明理的父母當亦不會因送入隔離醫院而責子女爲不孝。

四、保持父母心情的安寧

心情不寧，足以妨礙生活的幸福，且亦足以傷害身體的健康。故於關注父母身體的健康以外，又須設法保持父母心情的安寧。保持父母心情的安寧、可分兩層來說，第一要不使父母增添煩惱，其次要使父母多多歡樂。關於這兩層，古來的聖哲多所指示，現在先說第一層。論語里仁篇載：「子曰：

『父母在，不遠遊，遊必有方』。孔子這一番話，含有兩層意思，第一層謂最好不遠遊，第二層謂不得已而遠遊，必須有一定的去處，不可以忽東忽西。這兩層教訓的用意、都在減少父母的思念，以保持其心情的安寧。古代交通不便，一旦遠遊，長久不能見面，已足增父母的思念，兼以古代道路艱險，長途跋涉，更足增父母的憂慮，故以遠遊爲戒。古代尙無私人通訊的便利，遠遊而父母知其一定的去處，尙可稍慰父母的心，若忽東忽西，行踪無定，則益增父母的不安，故以「遊必有方」爲教。現在時移勢易，天涯有若比鄰，雖往歐美，亦等於古代的近遊，通訊迅捷，隨時可以函告行踪，越洋通電話，且可等於面談。故孔子所教、其具體方式、已可不必墨守，其所含精神、却仍應努力遵行。離家他適，必須時時報告平安，以慰父母的思念，行踪變易，更須早早通知，以免父母去信退回而增加焦慮。孔子此語、雖僅就遠遊一端而言，試推廣其垂教的精神，則凡足以攪擾父母心情的安寧而增加其煩惱的事情、都應避而不爲。鬪毆傷身等事、其引發父母的煩惱、至深且大，所以古來的聖哲亦諄諄告誡。論語顏淵篇載：「子曰：『……一朝之忿，忘其身以及其親，非惑與』」，正在教誡爲子女者愼勿鬪毆以增加父母的煩惱。「一朝之忿」、當係忿之小者，不忍小忿而與人鬪毆，傷及自己的身體，已足使父母煩惱，若竟傷及父母的身體，則爲罪更大了。孟子列舉五種不孝，以「好勇鬪狠，以危父母」（離婁下）爲其中之一，亦同此意。現在社會上的太保太妹、蠻不講理，以鬪毆爲能事，不惜傷害自己的身體，眞是不孝之尤。子女的健康與安全、是父母所最關心的。孝經說：「身體髮膚、受之父母，不敢毁傷，孝之始也」。欲盡孝道的子女、正宜注意維護自己的健康與安全以慰父母，如何可以「好勇鬪狠」以招來身體的傷殘！

不使父母增添煩惱、還只是就消極方面說的，爲子女者應當更進一步，積極地使父母多多歡樂，故孟子以「悅親」（離婁上）爲一件基本大事。悅親可分成兩方面來說，一方面是直接的，另一方面是間接的。所謂直接的悅親、即是子女對於父母本人的所作所爲、足以使父母歡樂。所謂間接的悅親、即是子女對於他人與社會國家的所作所爲、博得令譽，足以使父母歡樂。在本節內、只說直接的悅親。服勞與奉養、固已足使父母歡樂，但這不過是最低限度的盡孝，尙有比之更高一層的。更高一層的是什麼？簡單言之，就是尊與敬。能尊能敬，比之僅僅服勞與奉養，更可以增加父母的歡樂。孔子論服勞，如前所引、評爲「曾是以爲孝乎」，意謂僅僅服勞，猶嫌不足。其不足之處在於何所？在於「色難」，在於和顏悅色之不易做到。奉父母之命從事某一勞務，雖勉強依命服勞，而面現怨色，或草率從事，引起父母的不快，便不能算是孝了。有所服勞，必須柔聲下氣，和顏悅色，鄭重將事，不稍草率，以表示其樂於從事，然後纔足爲孝。又如前引、孔子評論奉養云：「不敬何以別乎」，意即奉養父母、必須出之以敬，若不出之以敬，則將與「至於犬馬、皆能有養」、無可分別了。孟子盡心上篇云：「愛而不敬，獸畜之也」。此與孔子所說、其意正同。故奉養父母之必須存有敬心、是孔子與孟子所共同主張的。孟子萬章上篇云：「孝子之至，莫大乎尊親」，禮記祭義篇亦云：「孝有三：大孝尊親……」，同以尊親爲最高的孝。故奉養父母、又當出之以尊。孟子告子上篇云：「一簞食、一豆羹、得之則生，弗得則死。嘑爾而與之，行道之人弗受，蹴爾而與之，乞人不屑也」。嘑爾與蹴爾、是不尊重的態度，是鄙視的態度。以此種態度授人以食，行道之人與乞人、在生死之交，尙且不屑接受，設以此種不尊的態度奉養父母，父母如何受得了！尊與敬、大體相通，但不無微異。尊、與卑相對，故有非憐憫不鄙視的意思，敬、與慢相對，故有不苟且不草率的意思。奉養父母、不是憐憫的施捨，故必須出之以尊。奉養父母、不可草率從事，故必須出之以敬。能存尊敬之心以奉養父母，父母自然歡樂。爲父母服勞、與奉養父母相同，亦須出之以尊與敬。和顏悅色，沒有怨容，正所以表現尊的心意，鄭重將事，不稍草率，正所以表現敬的心意。服勞而能既尊且敬，父母必益歡樂。

五、做好人好公民以顯揚父母

本節所述、是間接的悅親。受到羞辱，人們必引以爲苦，受到讚譽，人們必引以爲樂。子女做了壞事，傍人往往牽及父母，謂父母不知教養。此種批評、足使父母感到羞辱而陷入痛苦。子女做了好事，傍人亦會牽及父母，謂父母教養有方。這可使父母感到榮譽而獲得歡樂。禮記祭義篇云：「孝有三：大孝尊親，其次弗辱，其下能養」。所云「弗辱」、卽是不做壞事以貽羞父母。依禮記此說，弗辱之爲孝、雖不及尊親那樣大，但比能養要高一層。弗辱只是消極的，已比能養爲高。故若積極地做些好事，以使父母博得讚譽，以顯揚父母，應當比弗辱更高一層。弗辱是中孝，其上是大孝，故顯親當與尊親同爲大孝之一。尊親是直接的悅親，顯親是間接的悅親。二者雖有直接與間接之別，其爲悅親則一。故爲子女者、於尊親之外，又應當盡力顯親。顯揚父母，不當僅限於父母的生前，亦當繼續努力於父母的死後。在父母生前顯揚，足使父母及身感受歡樂。在父母死後繼續顯揚，雖不能使父母及身感受歡樂，亦可幻想其含笑九泉而撫躬無愧。故祭義篇又云：「父母既沒，愼行其身，不遺父母惡名，可謂能終矣」。欲顯揚父母，必須終身只做好事，絕不做壞事。能做好事，可稱好人或好公民。故欲顯揚父母，必須終身做一個好人兼好公民。

好人與好公民、這兩個概念、原無多大差異，不過細講起來，亦不是全無分別。好人大抵都是好公民，但亦未必個個如是，好公民大抵都是好人，但亦不無例外。好人是偏就律己方面說的，重在守身如玉，用孔子所說的話來形容，要「非禮勿視，非禮勿聽，非禮勿言，非禮勿動」（論語顏淵），用孟子所說的話來形容，要「歸潔其身而已矣」（萬章上），要「富貴不能淫，貧賤不能移，威武不能屈」（滕文公下）。好公民、是偏就對他方面說的，重在急公好義，用孔子所說的話來形容，要「己欲立而立人，己欲達而達人」（論語雍也），要「成人之美」（論語顏淵），用孟子所說的話來形容，要像伊尹那樣「思天下之民、匹夫匹婦有不被堯舜之澤者，若己推而內之溝中」（萬章上下）。論語憲問篇載：「子路問君子」，孔子初告以「脩己以敬」，繼又告以「脩己以安人……脩己以安百姓」。孟子盡心上篇說：「窮則獨善其身，達則兼善天下」。故簡單言之，好人偏指「脩己以敬」或「獨善其身」的人，好公民偏指「脩己以安人……脩己以安百姓」或「兼善天下」的人。近來有人把道德分爲私德與公德兩大部分。此一分類，雖有可議，不無實用。採用此一分類，則好人可說是私德不苟的人，好公民可說是公德高超的人。人生在世，不能脫離社會，故於做好人以外，必須兼做一個好公民。

欲盡孝顯親，必須做一個好人兼好公民，故孝之爲德、不但與做人做公民的道德不相牴觸，且與之相輔相成。古人言孝，發揮此意者甚多。舉例言之，如孝經云：「以孝事君則忠」，謂懷着孝思以事君，則必盡忠。因爲尸位素餐，不盡職責，足以貽羞父母而釀成不孝。孝經又云：「事親者、居上不驕，爲下不亂，在醜不爭。居上而驕則亡，爲下而亂則刑，在醜而爭則兵。三者不除，雖日用三牲之養，猶爲不孝也」。驕、亂、爭、三者都是做人做公民所不應有的惡行。驕則趨於覆亡，亂則趨於犯法，爭則趨於殺傷，都足以召災禍而辱及父母，都足以傷害孝德。故必謙虛而不驕，守份而不亂，禮讓而不爭，方足以使父母安樂而無虧於孝。謙虛、守份、禮讓、都是做人做公民應有的美德。由此言之，做人做公民的道德、正所以助成孝德，爲孝德所不可或缺的條件。古人更有推廣此意、以一切美德統統歸於孝的。禮記祭義篇云：「居處不莊，非孝也。事君不忠，非孝也。涖官不敬，非孝也。朋友不信，非孝也。戰陳無勇，非孝也」。試取此中的第一語爲例，加以推闡。「居處不莊」、旣屬不孝，則欲實行孝德，居處不可以不莊，亦卽孝必攝莊而後始能成其爲孝。由此言之，孝中必含有莊的成分。其他四語、結構相同，亦可作同樣的推闡。一經如此推闡，則孝於莊外、又必攝有忠、敬、信、勇以爲其成分。不僅如此，上述五德以外的其他美德、如勤如儉、如友如悌、其亦應爲孝所含攝、可類推而知。因爲不勤不儉，會使家境窘迫，不友不悌，會使家庭紛擾，都足貽父母以憂慮。如此說來，孝德之中應當含攝一切美德，孝、不僅是百行之先，亦成了諸德的綜合體。這是廣義的孝、與孔子所說的仁同其意義。孝、原是家庭的道德，以父母爲對象，一經如此擴充，不復限於家庭，兼以社會國家爲對象了。所以只要時時集中注意於孝，努力求其實現，則諸種美德一一隨以俱來，不會別有失德之虞。中國人對於孝的特別重視、其故當在於此。

六、明辨可從與不可從的分際

古人說到孝，單用一個孝字，不用孝順這個複詞。孟子書雖已有「順乎親」那樣的話，如離婁上篇的「不順乎親，不可以爲子」，又如萬章上篇的「惟順於父母、可以解憂」，但未將孝與順合爲一詞。且孟子對於順之爲德、不無微辭，如滕文公下篇云：「以順爲正者、妾婦之道也」。現在我們說到孝，時常用複詞孝順以代替單詞的孝，一若孝卽是順，順卽是孝，二者異名而同義。實則孝與順是有分別的。孝、不一定是順，順、亦不一定是孝。孝中有順有不順，亦卽有順的孝，亦有不順的孝。順中有孝有不孝，亦卽有順而足稱爲孝的，亦有順而不足稱爲孝的。故孝與順、不相一致，必須分別清楚，不可混爲一談。順是服從的意思，故孟子所說的「順於父母」、其他古籍有稱爲「從父之令」的，有簡稱爲「從父」的，且皆不以一味順從爲孝。順從既不同於孝，故爲子女者只可順從其可順從，不當順從其不可順從。若連不可順從的而亦順從，便失古人教孝的本意，轉而成爲不孝。故可從與不可從的分際，必須辨明以資遵守。此一辨別、只能責之於青年與成年的子女，至於幼年與少年的子女、因爲理智尚未成熟，未有辨別的能力，只好不加分別，一律順從。

論語里仁篇載：「子曰：『事父母幾諫。見志不從，又敬不違，勞而不怨』」，朱註引禮記內則以釋此章。內則云：「父母有過，下氣、怡色、柔聲以諫。諫若不入，起敬起孝，說則復諫。不說，與其得罪於鄉黨州閭，寧孰諫。父母怒不說，而撻之流血，不敢疾怨，起敬起孝」。父母所爲不善或所令不宜於遵行，子女應當進諫。幾諫、固是怡色柔聲的諫，與疾言厲色的諫大不相同，但其爲諫則一。諫的用意、在於勸阻其所爲與所令，故與順從正屬相反，亦可說：諫的涵義之中、攝有不順從的意思。一諫而父母不採納，雖「又敬不違」，但仍「勞而不怨」，不惜復諫以至於熟諫。孔子之主張「

事父母幾諫」、正在敎示爲子女者不當順從其不可順從。至於何故不可順從、孔子雖未明言，自其「子子」的基本道理之爲無違於禮推之，必因父母的所爲與所令未合於禮。孝經云：「父有爭子，則身不陷於不義。故當不義，則子不可以弗爭於父……從父之令、焉得爲孝乎」。孝經是一部敎孝的權威著作，爲前人所爭誦，而以「父有爭子」爲貴。爭、比諫更進一層，含有不聽則不休的意思。父母的所爲與所令、若不合於義，爲子女者一定要爭，爭了，纔能把父母從不義中救出來。故能爭，纔算盡孝，若胡亂順從，反成不孝。孝經概括地以義與不義爲可從與不可從的分別標準，荀子子道篇則說得更詳盡。荀子云：「……從義不從父、人之大行也……孝子所以不從命、有三：從命則親危，不從命則親安，孝子不從命乃衷。從命則親辱，不從命則親榮，孝子不從命乃義。從命則禽獸，不從命則修飾，孝子不從命乃敬。故可以從而不從，是不子也。未可以從而從，是不衷也。明於從不從之義，而能致恭敬忠信端慤以愼行之，則可謂大孝矣」，荀子以「可從而不從」與「未可以從而從」同爲不孝，藉以反映大孝之道在於從其所可從、不從其所不可從。不可從的標準、荀子舉了三點，可從的標準、荀子雖未明白指出，但在其不可從的標準中已經透露無遺。現在試將兩者合而言之。第一點以父母的安危爲可從與不可從的標準，第二點以父母的榮辱爲可從與不可從的標準，第三點以命令的善惡爲可從與不可從的標準。故凡有助於父母的安榮與足以致善的，都應當從，反之，都不應當從。

可從與不可從之間，似乎還可以有可從可不從的第三項目。例如遭逢水旱的災害，父母囑令慷慨捐輸。此足顯揚父母，當然是可從的。保管公款，父母囑令乘機侵佔。此足貽羞父母，當然是不可從的。病體新愈，父母囑咐多加休息，不要出席當日的會議。此不足爲父母增光榮，亦不會爲父母招恥辱，是可從可不從的。關於從否、可有此三目。在此三目之中、可從的、自應遵從，不得躲避，可從可不從的、亦以遵從爲宜，獨至不可從的，則必須堅執不從。

諫而爲父母所採納，自屬大幸，再諫三諫而終不爲父母所採納，則又將如何？陽奉陰違、或不失爲一道。陽奉陰違、原屬不道德的欺騙行爲，不應施於父母，但不得已而偶一爲之，亦未嘗不是權宜的辦法。例如父母囑走內線或送紅包，以獵取高位厚祿，堅拒不從，引起父母的憤怒，損及其身體的健康，不若詭稱已走內線而走不通，已送紅包而未被接收，雖令父母失望，尚不致因憤怒而損及健康，亦不致因遵從而招來恥辱。但亦有命令，從則只能徹底地從，違則只能徹底地違，沒有陽奉陰違的餘地。例如父母已在漢奸組織中代爲謀得職位，囑令隨往報到，便無法陽奉而陰違了。遇到了如此的情形，唯有如禮記曲禮所說「三諫而不聽，則號泣而隨之」，跟在父母的身後苦苦哀求，以期待父母的覺悟，或取法家語所說「大杖則逃走」的精神，離家遠逃，以避威逼。

夫婦之道

本文原載五十八年七月一日中央月刊第一卷第九期

導言

夫婦是五倫中的一倫。中庸說：「君子之道、造端乎夫婦」。就五倫而論，更應當說：「造端乎夫婦」。因爲沒有夫婦，便不會有父子，不會有兄弟，進一步言之，亦不會有君臣，不會有朋友。所以夫婦一倫、可說是五倫的起點。孟子說：「男女居室，人之大倫也」（萬章上）。孟子在倫字上加一大字，其意雖未必表示夫婦一倫之大於其他四倫，但至少表示了此倫之甚爲重要。夫婦是現代小家庭的骨幹，夫婦能和睦相處，家庭生活纔會溫暖而幸福。夫婦能和睦相處，教養出來的子女纔會心身俱健，影響所及，且足使社會增其安寧。因爲社會上有許多紛擾，起自夫婦的不和。怨耦倘能絕跡，紛擾的原因便隨以消滅了。夫婦一倫、其重要如此，故如何維護其健全、是一個值得研討的課題。

本文所欲闡述的、是丈夫之應如何對待其妻子與妻子之應如何對待其丈夫。若採取舊日觀點，解答如此複合的問題，應當分撰兩文：一論如何做丈夫，一論如何做妻子。因爲在舊日觀念上、爲夫與爲妻、各有其道，不相一致。爲夫之道、不得用以規範妻子，爲妻之道、不得用以規範丈夫。乾綱是應當振作的，牝雞是不可以司晨的。只可夫唱婦隨，不可婦唱夫隨，亦不可互唱互隨。儘管事實上不定做到，理想上却如此期望。爲夫之道與爲妻之道、既不相同，自宜分別論述，合在一篇內研討，必有甚覺不方便之處。舊日爲夫與爲妻之所以大異其道，大抵出自三項原因：一爲男尊女卑、成爲一般人所奉的至理，不容侵犯。二爲女子接受文字教育者，絕無僅有，其知識水準遠不及男子。三爲女子只會擔任家庭勞務，其謀生能力遠比男子爲薄弱。今則時移勢易，上述三項原因、幾已全歸消滅。男女平等觀念、深入人心，國家制爲政策，法律奉爲原則。女子與男子同受各級教育，在高深學問上、女子雖猶較遜於男子，在一般知識上、則不相上下。女子與男子同在社會上從事各種職業，同爲國家服務，妻子與丈夫同負家庭經濟的責任。在如此大改舊觀、面目一新的情形下、自可夫唱婦隨，亦可婦唱夫隨，應當儘量做到互唱互隨。爲夫之道、可移以規範妻子，爲妻之道、亦可移以規範丈夫。爲夫之道卽是爲妻之道，爲妻之道亦卽是爲夫之道。爲夫與爲妻、不二其道，自應合併研討，用不到分別論述。本文題爲夫婦之道而不稱夫道與婦道，其意卽在表示夫道與婦道在基本上之不當區分爲二。

理想的夫婦是同心同德的，沒有意見上的隔閡，沒有感情上的衝突。形體雖殊，而精神則一。理想夫婦所組成的家庭、充滿着和悅安樂的氣氛，絕對聽不到罵詈爭吵的聲音。欲達到如此理想的境地，不可不有導入此一境地的途徑。夫婦之道、卽在提供若干重要準則，以充此項途徑之用。本文所提供的、有些是夫婦之間獨特所應遵守的準則，有些是人與人之間普遍所應遵守的準則，而爲夫婦所尤應重視。因爲夫婦終身相守，朝夕不離，與時聚時離者、情形不同，故尤應切實履行。這些準則所依據的基本精神、不外孔子所垂訓的「君子求諸己，小人求諸人」（論語衞靈公）與「躬自厚而薄責於人」（論語衞靈公）。人與人相處，各能少求於人乃至無求於人，又能厚責自己而薄責對方，則人與人的情誼、自必日進於融洽，永無發生裂痕的可能。現在把所欲提供的準則，分節敍述如下。

一、愛情專一　養之以敬

維持美滿婚姻所最不可缺的、是一個愛字與一個敬字。

舊式婚姻、成於父母之命、媒妁之言，結婚以前、大抵互不相識，還沒有愛情可言。一旦結婚，認爲天作之合，不可違逆，發動義務心的力量以培養感情，終亦相親相愛。遇着美滿婚姻的配偶、人們譽爲恩愛夫妻，可見愛情亦是舊式婚姻所重視的。至於新式婚姻、原本建築在愛情之上。異性朋友，過從既久，發見對方的品性純潔、學識優良，雙方的志趣又甚相合，於是互相愛慕，感情日增，到了難捨難分的階段，纔謀及婚姻。愛情是婚姻的原動力，不像舊日婚姻那樣出自婚後的培養。但若捨去婚前婚後的差異，則舊式婚姻與新式婚姻可謂同以愛爲基礎。

舊日談到婚姻，注重一個敬字，在描述理想夫婦相處的情況時，用「相敬如賓」一語來形容，亦即以「相敬如賓」代表婚姻的美滿。這句話、意義深長，今日仍應加以珍視。人人都有自尊心，一旦受到別人的輕視，心中將作如何感想，其不因此而引起憤恨的、能有幾人！心裏懷了憤恨，還能和睦相處嗎？「相敬」的「相」字、尤關重要。相敬、是雙方互相敬重，不是單方面的敬重。光是做妻子的敬重丈夫，不足稱爲相敬，一定要做丈夫的同樣亦敬重妻子，纔足稱爲相敬。夫妻相敬，美滿的婚姻益可維持不墜。

愛情要專一。所謂專一、就是專向一處貫注，不分向多處貫注。做丈夫的除了深愛自己的妻子以外，不向別的女子貢獻男性的愛。做妻子的除了深愛自己的丈夫以外，不向別的男子貢獻女性的愛。

愛情專一，則愛力堅厚，可以贏得對方相等的回愛。愛情分散，則愛力薄弱，不但不能贏得回愛，且將招致怨恨而使愛情破裂。婚前擇偶，多結交幾個異性朋友，以資比較，以備選擇，這是無可非議的。情投意合、足中配偶之選的、時或不止一人，經過鄭重考慮，捨乙就甲，結婚以後、對於乙方的情誼、必須完全斬斷。若藕斷絲連，愛情的專一、不免因而動搖。

成熟的愛情、好像一壺沸騰的水，散發熱氣，滿室生春。要想壺中的水始終保持沸騰的熱度，必須燃料充足，源源不絕，否則熱度便會漸漸降低，終至冷却。愛情亦然，要不斷用補品來滋養。愛情的主要補品、就是「相敬如賓」的敬。敬、簡括言之，是把對方視作有感情有意志且與我有同等尊嚴的人，不視作供我使用的工具，不視作供我驅策的牛馬，不視作供我使喚的奴僕。所謂結婚是愛情的墳墓，完全出於愛情滋養的功力不足。在戀愛時期、雙方相敬如賓，不但沒有相輕的舉動，且亦不存相輕的意念，故能愛情日增，卒底於成熟。愛情之所以能成熟、敬的功勞、實不可沒。結婚以後、有些夫婦不免忽視此一功臣，以爲旣經結爲夫婦，用不到再客氣，於是相敬的意念逐漸減低，自肆的脾氣逐漸增高。一增一減，終至把愛情送進了墳墓。故欲挽救此一厄運，唯有把敬意召回來，以敬滋補愛，一如戀愛時期之以敬培養愛。以敬養愛，纔可保持愛的始終不衰。婚後相處，能一如戀愛時期的相處，則愛情永固，愈久愈堅，決不會進入墳墓。孟子說：「愛而不敬，獸畜之也」（盡心上）。夫婦相處，斷不可以互相獸畜。

本條準則、實爲夫婦之道的基本，其他準則、莫非此一基本準則所衍生。

二、貞操堅定　妒忌適當

我們中國人向來非常重視貞操，爲其他民族所不及。貞操確是美德，是幸福婚姻最有力的支柱，是家庭不和最有效的消毒劑。夫婦各守貞操，沒有第三者的介入，則胸無芥蒂，精神融洽，縱或有時意見參差，亦易於諒解，不會釀成大的衝突。不守貞操，則心存芥蒂，精神違忤，稍有不洽，卽會轉成巨大風波。所以我們必須盡力維護此一美德，不使失墜。不過舊日的貞操觀念有其不公平與不合理處，有加以修正的必要。管見所及，應予修正的、計有二點。

第一點、單方面的貞操應當修正爲雙方面的貞操。舊日說到貞操，僅以責備妻方，不兼以責備夫方，只是妻方所應守的道德，不是夫方應遵守的道德。爲妻而不貞，便爲親戚鄰里所不齒，鑄成家門的莫大恥辱。爲夫而不貞，却爲大家視作尋常事，用不到引以爲恥。甚且有人、以爲納妾狎妓正是風流才子的分內事。婚外通姦、就社會而言，是一件傷風敗俗的事情，做妻子的固負有維持善良風俗的責任，做丈夫的亦沒有破壞善良風俗的特權。就個人而言，通姦是一件汚損自己人格的事情，做妻子的固應保全自己的淸白，做丈夫的又何獨不然！就配偶而言，通姦是一件最足傷害夫妻感情最足破壞幸福婚姻的事情，做妻子的固負有維護感情與幸福的義務，做丈夫的又何能置此義務於不顧！故從任何角度來看，做丈夫的應與做妻子的同守貞操。貞操原是愛情專一的具體表現，夫妻同應愛情專一，故亦同應堅守貞操。

第二點、無限期的貞操應當修正爲有限期的貞操。舊日把女子所應守的貞操、解釋爲「從一而終」，解釋爲「一與之齊，終身不移」。一旦結婚，便應從一不移，一直到自己死亡爲止，故有烈女不嫁二夫的要求。違反此一要求，亦視爲重大的恥辱。如此意義的貞操、可稱之爲無限期的。今日所要求於夫婦雙方共守的貞操、不當如此苛刻，應當變無限期爲有限期。所謂有限期、意卽只要求婚姻關係存續期間的從一，不要求婚姻關係消失以後的不移。在婚姻關係存續期間、移情別戀，始爲不貞。至若婚姻關係一旦消失，改嫁再娶，不爲不貞。故夫死儘可改嫁，妻死儘可再娶。世間有些夫婦，感情深厚，喪偶以後，繫念前情，不忍嫁娶。如此至情、誠然值得珍視，但不必視爲貞操所必需。

妒忌、向來視爲妻子所不應有的情緒。丈夫納妾，不能容忍，則人們贈以妒婦的貶稱，代夫納妾，則譽之爲賢德。反之，妻有外遇，丈夫不聞不問，羣斥其爲無志氣、沒出息，以激發其妒忌。對於做妻子的、要求其不可妒，對於做丈夫的、則要求其不可不妒。要求的有失公平、是非常明顯的。試探索妒忌的由起，當可了然於其爲夫婦一方不貞時所不可避免且亦未可厚非的現象。妒忌之起，起於對方愛情的殘缺不全而感到不滿。所以妒忌是對方愛情不專一的反應，亦是向對方要求完整愛情的表示。夫婦同負愛情專一的義務，應當同享要求愛情專一的權利。愛情專一是正當的，愛情專一的要求、便亦不能謂爲不當。所以做丈夫的可以妒忌，做妻子的亦可以妒忌，妒忌是無傷於婦德的。夫妻相處而至於引發妒忌，究是一件不幸的事情。欲避免此種不幸，最好的辦法、莫若不造妒忌的因。夫婦雙方堅守貞操，不懷異志，本正源淸，妒忌自無由發生了。

夫婦同可以要求對方的愛情專一，故亦同有妒忌的權利。但妒忌有其限度，不可以超越。必待確有應妒可妒的事實而後發作，始得稱爲適當。追究既往，是一種不適當的妒忌。貞操只是婚姻存續期間所應守，不應溯及婚前。配偶婚前有過愛人，或係再婚而曾有前夫前妻，只要婚後已經情誼斷絕，不復存有男女之愛，便不應因往事而心懷妒忌。疑神疑鬼，捕風捉影，亦是一種不適當的妒忌。配偶或因社交，或因業務上的接洽，或因學術上的切磋，與異性頻頻聚晤，談笑甚歡，若據此作惡意的推測而發爲妒忌，亦屬不當。適當的妒忌、不可非議，不適當的妒忌、必須力求避免。

三、約束自己　尊重對方

約束自己與尊重對方，是相因相成的。不約束自己，便無以尊重對方，不存尊重對方的念頭，便會放肆而不自加約束。疾言厲色，乃至破口大罵，出手打人，自無尊重對方之可言。賤視對方，視爲不妨加以侮辱，纔敢出言傷人以至毆擊。故必約束自己，纔足以收尊重對方的效果，亦必尊重對方，纔會約束自己而不敢放肆。故約束自己與尊重對方、未嘗不可視作一體的兩面。

約束自己與尊重對方、原爲人與人相處時所應普遍遵循的準則，是鞏固交誼所不可或缺的補品。夫婦相處，尤應注重此一準則，因爲聚首的久長與關係的親暱、最足以鬆弛約束而降低尊重。約束自己、是一件相當費力的事情。心懷憤怒而不露怒容，心懷怨恨而不出怨言，都要靠堅韌的耐力來抑制。耐力不堅，隄防崩潰，便會一發而不可收拾。耐力的堅韌、很易遭受時間的剝蝕，短期維持，較易做到，長期維持、則較困難。約束一經鬆弛，尊重自亦隨以衰頹。孔子稱讚晏平仲爲「善與人交，久而敬之」（論語公冶長），正反映着「久而敬之」的不易。朋友之間尚且不容易做到「久而敬之」，夫婦終身相守，其時間的久長，數十倍於朋友，約束自更易於鬆弛，尊重自更易於衰落。朋友初識，各守禮節，容必和悅，言必謹愼，不敢有一語失禮，不敢有一舉失儀。及旣稔熟，則禮節漸趨簡略，說話不妨隨便，舉動不太拘謹，衣冠不整，亦敢於接見。隨着稔熟程度的增加，約束與尊重、亦不免漸受剝蝕。夫婦相處日久，親暱逾恒，豈止稔熟而已，且時或相與戲謔，以增歡樂，其約束的鬆弛與尊重的降低、更屬意中事。但鬆弛與降低、一經過度，便會播下不和的種子，若不加意防範，則生根發芽，終且釀成怨耦。所以爲夫婦者、對於約束自己與尊重對方、尤不可不多多注意，以敬養愛、實爲夫婦雙方所同應努力。

約束自己、卽是孔子所倡導的「克己」（論語顏淵），是人格修養的起點。一步一步地約束，約束到隨時隨地沒有放肆的情形，纔可算修養有了收穫而不失爲君子。人人應爲君子，所以約束自己、是人人應盡的義務。約束自己、其方面甚廣。說話不自傲、不損人，是自己約束的一種。行事不獨斷、不專橫，又是自己約束的一種。諸種約束之中，感情的約束、實居首要。因爲說話與行事的約束、莫不以感情約束爲其淵源。能把感情約束在適當範圍以內，出言自不會損人，行事自不會專橫。「江山易改，本性難移」、雖是一句流行很廣的話，但其正確性並不甚高。任何脾氣、只要願意移易，努力移易，都是不難移易的。一個生性暴躁而易於發怒的人、每當發怒時、若能反省自己的發怒是否適當，則怒氣自會逐漸平息。運用理智，反省復反省，暴躁的脾氣自會慢慢變得和易近人。所怕的：自認爲天生的脾氣而不思改易，則終於爲一個暴躁的人而已。人人都有感情，我們要把感情約束到中庸所提倡的「發而皆中節」。人人都有好惡，我們要把好惡約束到孔子所垂示的「從心所欲，不踰矩」（論語爲政）。夫婦各自約束，不使對方感到難以忍受，則夫婦間的愛情自不會有破裂的危險。

尊重對方所最應注意的、是對方的好惡與意見。夫婦雙方好惡一致，自屬最理想的事。此方所好惡的、卽是彼方所好惡，自不會發生此好彼惡或此惡彼好的現象，亦用不到作彼此遷就以示尊重的打算。倘若彼此的好惡、在某些事情上不相一致，只要不是不良的嗜好，便應尊重對方的所好而鼓勵其發揮，且宜進而培養自己所本來沒有的興趣，以期與對方有同樣的愛好，達到夫婦同樂的境地。對方所惡、若正是我所深愛，亦宜尊重對方，不可強其從我所好，我則並應冲淡所好，絕不固執。又若雙方好惡、雖不一致，却不衝突，彼方所好、雖非我所好，却亦非我所惡，則應各聽自由，不相干涉。對方意見、亦應受到尊重。事無大小，都應經過商議，必待意見一致，然後付諸實行。商議時、如意見參差，對方的意見而可從，自當採取，對方的意見而不可從，則應委婉說明其不可採取的理由，俾對方有所了悟，轉而贊同我的意見。縱使有些事情、明知對方不會有不同的意見，亦應告知所擬採取的辦法，取得其同意，不使對方發生無視其存在的不快之感。事情而亟待解決，來不及諮商，則應於事後告知經過，以求諒解。尊重對方、不僅尊重對方本人而止，並宜推而廣之，尊重對方的父母兄弟姊妹。夫婦能互相尊重，愛情必可歷久而彌堅。

四、多貢獻　少要求　多原諒　少責備

貢獻與要求、是相對的。貢獻、所以滿足對方的要求，要求、所以催促對方的貢獻。夫婦相處，各有貢獻的義務，亦各有要求的權利。如有無的相通、如疾病的相扶持、旣是義務，亦是權利。對方有正當的急需，己方自應盡力爲之籌措，己方有正當的急需，自可首先求助於對方。對方有疾病，首

應負責延醫進藥的、非己方莫屬，己方有疾病，亦可儘先請求對方作醫藥的調度。我們中國人有一種傳統的美德：於義務、則爭先趨赴，唯恐或後，於權利、則自甘放棄，不斤斤計較。此一美德、實爲人我關係的最佳支柱。夫婦爲終身伴侶，尤應遵守。凡屬份內所應貢獻的、必須盡力貢獻，貢獻到對方意外地滿足，縱欲苛求，已沒有苛求的餘地。凡屬份內所應要求的、應當儘量減少要求，減少到對方自覺其貢獻已頗充足，不留有遺憾與自責的餘地。對方盡力貢獻，不厭不倦，則勸其節省精力，勿過勞苦。對方自以爲貢獻猶嫌不足，則力加安慰，告以已盡全力、不必再懷歉意。

份內的貢獻、固應多盡，份外的貢獻、亦宜量力而爲，不可因其爲份外而一概推卸。份內的要求、固應少作，份外的要求則更應完全戒絕，不可因關係親暱而有所貪圖。舉例言之，現代夫婦各有職業上的工作，各應自了。遇到對方工作過忙，忙到必須攜回家中晚間處理，則在己方能力所及的範圍以內、亦應多多幫忙。但己方甚忙時、則應勉力自理，雖對方所能幫忙的事情，亦不可向之求助。貢獻多，多到無可復加，對方自會充滿感激之情。要求少，少到幾於無有，對方一定不會發生厭煩之感。互懷感激，互不厭煩，愛情的日趨穩固、自屬必然的結果。

要求固宜多多放棄，但亦不是任何要求都可放棄的。其最不可放棄的、爲愛情專一的要求。愛情專一、是婚姻的基礎。愛情不專一，基礎毀壞，婚姻便難於維持了。故無意維持婚姻則已，若有意維持，則應嚴格要求對方的愛情專一。這是份內的基本要求，不當歸入放棄之列。

原諒與責備相反，原諒意味着不復責備，責備意味着未盡原諒。故二者間的消長、形成反比，原諒增多，則責備隨以減少，原諒減少，則責備隨以增多。所以多原諒與少責備、是相因而至的，未嘗不可謂爲同一作用的兩面。原諒，則受諒者心情舒泰而感到愉悅，更沒有申辯的必要。責備，則受責者心情緊張而感到不快，不免自作辯護，甚且反脣相稽，斥施責者爲未必能有較佳的表現。一旦反脣相稽，不免進而引起爭論。人的常情、往往偏向於多責備而少原諒，尤其在對方所爲有違於理時、更是得理不饒人，切責不已。常人之間、尙且應當得饒人處且饒人，何況夫婦！夫婦的結合、以感情爲主要因素。多原諒、少責備、不失爲增進感情的重要途徑。

人都不是十全十美的，有其優點，亦有其缺點。稱讚其優點，寬恕其缺點，是多原諒少責備的一道。人在一生中、有善的言行，亦有不善的言行。隱其惡，揚其善，又是多原諒少責備的一道。這些都是常人之間所應遵守的道理，夫婦之間尤不可忽視。夫婦相處日久，難免有恩有怨，有體貼周至的好處，亦有忽略尊重的壞處。在事情發生當時、好處則宜引爲欣慰，壞處則宜屈加原諒。及至事過境遷，好處應當牢牢記住，壞處應當付諸淡忘。孔子讚美伯夷叔齊，稱其「不念舊惡」（論語公冶長）。夫婦之間、追訴舊惡，嘮叨不已，既使自己勾起舊怨，亦使對方厭煩、不耐卒聽，徒增彼我的不快，實非明智之舉。夫婦甘苦相共，自不免屬望甚殷，但望之雖切，却不可責之過深，只宜責對方以力所能逮，不可責對方以力所不及。富與貴、誠如孔子所說，「是人之所欲也」，但亦當如孔子所戒，「不以其道得之，不處也」（論語里仁）。只宜互相勉勵：遵循正當的途徑，如努力工作，如節省不必要的支出，以求生活的改善，斷不可互相埋怨，責其不會想方設法以求取份外的利得。

五、不效尤　不成惡

效尤、即是他人有惡劣的行爲，損傷了我的尊嚴，妨害了我的利益，我乃以其人之道還治其人之身，加以同樣的侮辱與侵害。常人口中所說的以牙還牙、正是鼓勵效尤的說法，以爲不如是不足以表示自己的不是懦夫。實則此種想法、殊不正當。懷抱了以牙還牙的觀念，惡聲至，必返之，於是對方以不堪入耳的話罵我，我便以同樣不堪入耳的話還罵其人。往復互罵，徒使雙方感情愈激愈厲，無益於糾紛的解決，終於瞎鬧一場而已。人格高潔的人、決不肯惡意傷人。對方口出惡聲，正暴露其人格的不健全，應當憐憫其人，並引以自戒，豈可效其所爲以自毀人格！不效尤，纔足以保全自己人格的高潔，纔足以表示自己的大勇，所以尤是不可效的。「尤而效之，罪又甚焉」，我們應當牢記此言。

有些鬧勃谿的夫婦、一方盛怒之下、隨手取瓶杯等物摔地以洩憤，對方以爲你能摔物以示威，我亦能摔物以對抗，互不讓步，怒氣無由平息，徒使共有的財物遭受損失而已。摔物洩憤、尙屬小事，重大事情、更不可以效尤。教育子女、是夫婦共負的責任。假若對方怠於盡責，我亦效尤，放棄不管，則子女的教育勢且無人擔當了。家庭經濟是夫婦所應共同維持的。假若對方怠於工作，或善於揮霍，以致家用不足，我亦效尤，則溫飽勢且無以維持了。貞操的破壞、尤不可以效尤。貞操是婚姻幸福的基本。假若對方破壞了貞操，我亦破壞貞操以資報復，則基本動搖，縱不離異，無復婚姻幸福可言了。至如小說家所描繪，丈夫有外遇，妻子假裝親近異性，故意讓丈夫發見，以激發其妒意，以促使其回頭，則與效尤有異，自當別論。

夫婦之間、誠如上二節所述，應當尊重對方的所好，應當少作責備，應當少作要求。但那些話都是原則性的，不是毫無限度，不是全無條件。其限度與條件如何？孔子說：「君子成人之美，不成人之惡，小人反是」（論語顏淵）。尊重對方所好、少責備、少要求、都應以不成惡爲限度，爲條件。在不成惡的限度內、在不成惡的條件下、纔應尊重對方所好，纔應少要求且少責備。若尊重所好、少責備、少要求、而適足以成對方之惡，則尊重與少責少求、便成了過當之舉而不該採取了。夫婦是榮辱與共的伴侶，一定期望對方人格高潔而受人欽敬。夫婦是以白首偕老爲目的的伴侶，一定期望婚姻美滿而沒有罅漏。故凡足以玷污對方人格與損害婚姻的所好所爲、都不當在尊重與寬恕之列。

試更具體言之，對方的不良嗜好、不當尊重。例如賭博、耗神廢時，甚且足以傾家蕩產。假若對方沉溺於此，而猶容忍寬縱，既足使對方的品德日趨敗壞，亦足使家庭的幸福日趨衰落。故在對方沉溺於賭博時，應加責備，要求其努力戒絕。惡劣的脾氣、亦不宜過於容忍。例如性情橫暴，蠻不講理，稍不如意，動輒罵人打人，鬧得家中雞犬不寧。若每逢發作，莫不順受，則益增其氣燄，加強其惡德，終至養成其不治之症。不如於其發作時、加以抵抗，殺其氣燄，並隨時曉之以理，使其自覺所爲之非是。不正當的企圖、亦有加以遏抑的必要。例如貪污與侵佔、辱沒人格，斷送前途，使祖宗蒙羞，使門楣失色。故在對方懷有此種企圖時、應及早勸阻，不任其發展爲行動。及既接近行動的邊緣，則更應竭盡全力，加以阻止。至若愛情的專一與貞操的堅定、是婚姻的基本所在，尤應嚴格要求對方的遵守，前已述及，不再贅說。

中華哲學叢書

平凡的道德觀

作　　者／陳大齊　編著
主　　編／劉郁君
美術編輯／中華書局編輯部

出 版 者／中華書局
發 行 人／張敏君
行銷經理／王新君
地　　址／11494 台北市內湖區舊宗路二段181巷8號5樓
客服專線／02-8797-8396　　傳　　真／02-8797-8909
網　　址／www.chunghwabook.com.tw
匯款帳號／兆豐國際商業銀行　東內湖分行
067-09-036932　中華書局股份有限公司

法律顧問／安侯法律事務所
印刷公司／維中科技有限公司　海瑞印刷品有限公司
出版日期／2015年7月六版
版本備註／據2001年五版復刻重製
定　　價／NTD 270

國家圖書館出版品預行編目（CIP）資料

平凡的道德觀 / 陳大齊著. — 五版. -- 台北市
: 台灣中華, 2015.07印刷
面 ; 公分. — (中華哲學叢書)
ISBN 978-957-43-2573-3(平裝)

1.道德

199　　104010626

NO.B0017
ISBN 978-957-43-2573-3（平裝）

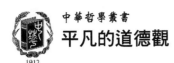